따라 쓰면 저절로 완성되는 핵심 패턴 기초 영작문

바빠 초등

하루 5문장

영어 글쓰기 ①

이지스에듀

지은이 | 이지은(지니쌤)

교과서를 만들어 온 교육 전문가이자 두 딸을 키우고 있는 엄마이다. 7차 교육과정부터 2015개정 교육과정까지 초·중·고등학교 영어 교과서를 개발했으며, 천재교육에서 15년간 근무하며 각종 파닉스, 영어 독해, 문법 교재 등을 기획하고 편집했다. 또한 회원 수 15만 명의 네이버 카페에서 영어 멘토로 활동했다. 현재 어린이영어연구회 소속이며, 〈즐거운 초등영어〉 유튜브 채널을 통해 다양한 콘텐츠를 제공하며 활발히 소통 중이다. 쓴 책으로 《너, 영어 교과서 씹어 먹어 봤니?》, 《바빠 초등 파닉스 리딩 1, 2》, 《바빠 초등 영어교과서 필수표현》, 《바빠 초등 하루 5문장 영어 글쓰기》 등이 있다.

감수 | Michael A. Putlack

미국의 명문 대학인 Tufts University에서 역사학 석사 학위를 받은 뒤 우리나라의 동양미래대학에서 20년 넘게 한국 학생들을 가르쳤다. 우리나라에서 어린이 영어 교재를 집필했을 뿐 아니라, 《영어동화 100편》 시리즈, 《7살 첫 영어 - 파닉스》 등 영어 교재 감수에도 참여했다.

따라 쓰면 저절로 완성되는 핵심 패턴 기초 영작문

바빠 초등 하루 5문장 영어 글쓰기 ①

초판 1쇄 발행 2023년 10월 15일
초판 3쇄 발행 2024년 6월 10일
지은이 이지은　　　**원어민 감수** Michael A. Putlack (마이클 A. 푸틀랙)
발행인 이지연
펴낸곳 이지스퍼블리싱(주)
출판사 등록번호 제313-2010-123호
주소 서울시 마포구 잔다리로 109 이지스 빌딩 5층(우편번호 04003)
대표전화 02-325-1722　　　　　　　　　**팩스** 02-326-1723
이지스퍼블리싱 홈페이지 www.easyspub.com　　**이지스에듀 카페** www.easysedu.co.kr
바빠 아지트 블로그 blog.naver.com/easyspub　　**인스타그램** @easys_edu
페이스북 www.facebook.com/easyspub2014　　**이메일** service@easyspub.co.kr

본부장 조은미　**기획 및 책임 편집** 이지혜 | 정지연, 박지연, 김현주　**교정 교열** 안현진　**문제 검수** 이지은
표지 및 내지 디자인 손한나　**조판** 김민균　**일러스트** 김학수　**인쇄** 명지북프린팅　**독자 지원** 오경신, 박애림
영업 및 문의 이주동, 김요한(support@easyspub.co.kr)　**마케팅** 박정현, 한송이, 이나리

ISBN 979-11-6303-507-7
ISBN 979-11-6303-506-0(세트)
가격 15,000원

• **이지스에듀**는 이지스퍼블리싱(주)의 교육 브랜드입니다.
   (이지스에듀는 학생들을 탈락시키지 않고 모두 목적지까지 데려가는 책을 만듭니다!)

펑펑 쏟아져야 눈이 쌓이듯, 공부량도 쏟아져야 실력이 쌓인다.

영어 전문 명강사들이 적극 추천하는
'바빠 초등 하루 5문장 영어 글쓰기'

영어 쓰기 감각을 키워 주는 흥미로운 책!

'바빠 초등 하루 5문장 영어 글쓰기'는 아이들이 실제로 경험하고 써 보고 싶을 법한 주제들로 구성되어 있네요. **실생활과 밀접한 글쓰기 주제이기 때문에 자연스럽게 영어 쓰기 감각을 키우기에 정말 좋습니다.** 또한 유닛마다 따라 써 보고, 자신의 문장으로 응용하는 연습을 통해 영어의 기초 표현을 탄탄히 다질 수 있습니다.

어션 선생님
기초 영어 강사, '어션영어 BasicEnglish' 유튜브 운영자

영단어만 갈아 끼우면 나의 문장이 완성되는 책!

영작은 아이들이 어려워 피하는 영역이지요. 하지만 이 책은 쉽고 재미있게 쓰기 실력을 키울 수 있습니다. 단순히 문장 따라 쓰기로 끝나지 않고, **기본 구조의 문장 패턴을 단어만 갈아 끼우면 나의 문장까지 쓸 수 있습니다.**
또한 Error Check를 통해 틀린 부분을 직접 확인하는 작업은 영작 실력을 높이는 데에 큰 도움이 될 것입니다.

이은지 선생님
(주)탑클래스에듀아이 영어 강사

영작할 때 '얼음'이 되는 아이들에게 추천!

영어 글쓰기라면 짧은 문장은커녕 단어도 떠올리기 어려운 아이들도 체계적으로 연습하면 좋아집니다. '바빠 초등 하루 5문장 영어 글쓰기'는 **체계적인 구성을 통해 단어, 구, 절, 문장 등 개념과 다양한 문법 요소를 자연스럽게 익힐 수 있습니다.** 또한 문장 패턴을 응용해 자신의 이야기로 바꿀 수 있습니다.
영작할 때 얼음이 되는 아이들에게 추천합니다.

클레어 선생님
바빠 영어쌤, 초등학교 방과 후 영어 강사

학교 영어 시간에 자신감을 키워 줄 책!

학교에서 다룰 만한 주제뿐만 아니라 일상적인 주제로 아이들이 다양한 글쓰기를 경험할 수 있는 책이네요. 요즘은 중학교뿐만 아니라 **초등학교 교육 현장에서도 영어 독후감 발표나 영어 동화 구연 수업 등이 이뤄지고 있어, 글쓰기 능력이 많이 요구**됩니다.
아이들이 자신감 있게 영어 수업을 받을 수 있도록 '바빠 초등 하루 5문장 영어 글쓰기'를 강력 추천합니다.

유혜빈 선생님
서울 포레스픽 어학원 영어 강사

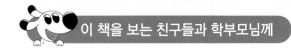

하버드 대학 리버스 교수의 '쓰기 지도 5단계'를 적용한

《바빠 초등 하루 5문장 영어 글쓰기》

초등 고학년, 영어 쓰기 연습은 필수!

 영어 학습은 인풋(Input) 영역인 읽기(Reading), 듣기(Listening)와 아웃풋(Output) 영역인 말하기(Speaking), 쓰기(Writing) 4가지 영역이 있습니다. 저학년 시기에는 인풋 영역에 집중해도 좋지만, 본격적으로 초등 4학년, 늦어도 6학년부터는 아웃풋 영역인 쓰기 학습도 시작해야 합니다. 5, 6학년부터는 초등 교과서에서 문장 쓰기 학습이 나오고, 중학교 때에는 영작문 수행평가와 서술형 시험을 치러야 하기 때문이에요.

초등 교과서 수준의 어휘, 문법으로도 '나의 일상'을 쓸 수 있어요!

영어 글쓰기! 어렵지 않아요. 우리말로 글을 쓸 수 있다면 영어로도 쓸 수 있습니다. 특히 이 책은 영어 교과서에 나온 주제를 포함해서 아이들이 일상에서 쓸 법한 주제 25가지를 모았습니다. 그래서 무슨 내용을 써야 할지 헤매지 않고 나만의 이야기를 재미있게 쓸 수 있습니다.

어휘나 영문법이 약해도 괜찮아요. 초등 교과서 수준의 영어로도 예문과 문장 패턴에 기본 단어로 갈아 끼우다 보면 글을 완성할 수 있습니다. 또 글쓰기를 통해 구두점 찍기, 문장 첫 글자 대문자, 단어 스펠링 교정, 수 일치 등 어휘와 영문법을 꼼꼼하게 익힐 수 있습니다.

'이게 맞나?' 싶을 때는 이렇게 도움을 받아 보세요!

문장을 그대로 필사하는 게 아니라면 적절한 도구를 활용해 스스로 표현하고자 하는 단어와 문장을 찾아보는 것이 좋아요. 주저하지 말고 바로 사전의 도움을 받아 단어와 예문을 찾아서 내가 쓰고 싶은 문장을 만들어 보세요. 또한 파파고나 구글 번역 등 번역 도구를 활용해도 좋아요.

리버스 교수의 '쓰기 지도 5단계'를 적용해, 혼자서도 쓸 수 있어요!

이 책은 효과적인 외국어 쓰기 지도법으로 유명한 하버드 대학 교수 '리버스(Rivers. W. M.) 쓰기 지도의 단계 모형의 5단계(① 필사하기 ➡ ② 다시 쓰기 ➡ ③ 조합하기 ➡ ④ 유도 작문하기 ➡ ⑤ 자유 쓰기)'를 바탕으로 우리나라 초등학생에게 더 적합하게 4단계 안에 구성하였습니다. 한 단계씩 쓰다 보면 혼자서도 영어 글을 완성할 수 있어요.

《바빠 초등 하루 5문장 영어 글쓰기》의
4 STEP

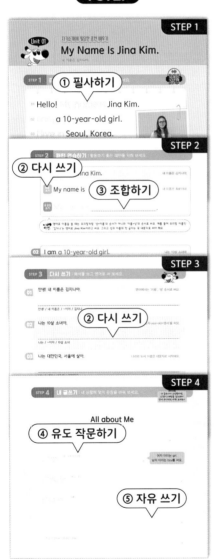

필사하기와 다시 쓰기는 잘 모르고 있던 부분이나 실수하는 부분이 어디인지 스스로 확인할 수 있습니다. 문장의 첫 글자 대문자를 실수하는지, 단어 스펠링은 정확한지, 사이트 워드 훈련이 더 필요한지, 스스로 터득하게 도와줍니다.

조합하기는 초등 교과서 문장 패턴 75개의 주어나 목적어를 바꾸어 보고, 시제를 바꾸어 보면서 문장 쓰기를 연습시켜 줍니다. 혹시 내가 만든 문장이 맞았는지 확인하고 싶다면 grammarly.com이나 번역 도구를 통해 확인해 볼 수 있습니다.

유도 작문하기 및 자유 쓰기는 유닛마다 나만의 글쓰기가 쌓이는 뿌듯함을 느낄 수 있을 것입니다.

쓰기 학습에서 틀린 문장 확인보다 더 중요한 것은 포기하지 않고 꾸준히 쓰는 습관입니다. 이 책과 함께 영어 글쓰기 습관을 기르며, 중학 영어로 넘어가 보세요.

따라 쓰고,
패턴 연습하고,
다시 쓰면,
글 한 편이
뚝딱이네!

Writing

Contents

바빠 초등 하루 5문장 영어 글쓰기 ①

바빠 초등 하루 5문장 영어 글쓰기 ②

2권 글쓰기 주제도 살펴보세요!

Topic 1 Food 음식

Topic 2 Character 성격

Topic 3 Health 건강

Topic 4 Holiday 휴일

Topic 5 Season 계절

7

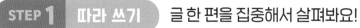

이 책을 효과적으로 보는 방법

STEP 1 따라 쓰기 글 한 편을 집중해서 살펴봐요!

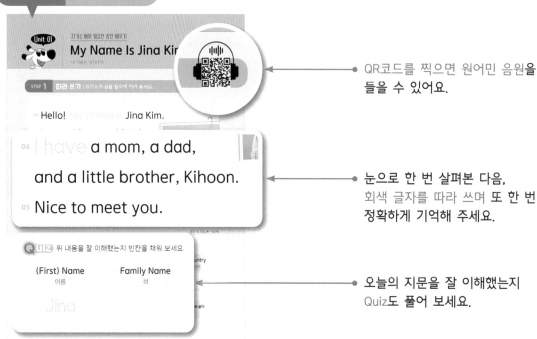

QR코드를 찍으면 원어민 음원을 들을 수 있어요.

눈으로 한 번 살펴본 다음, 회색 글자를 따라 쓰며 또 한 번 정확하게 기억해 주세요.

오늘의 지문을 잘 이해했는지 Quiz도 풀어 보세요.

STEP 2 패턴 연습하기 문장 패턴 3가지를 익혀요!

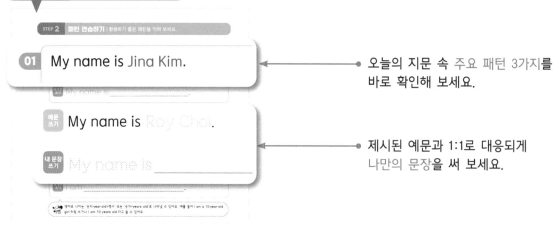

오늘의 지문 속 주요 패턴 3가지를 바로 확인해 보세요.

제시된 예문과 1:1로 대응되게 나만의 문장을 써 보세요.

같이 보면 좋은 책

문장을 추가 수집할 때

《바빠 초등 영어 교과서 필수 표현》까지 학습하면 다양한 문장 표현 패턴을 쓸 수 있어요.

단어가 부족할 때

《바빠 초등 필수 영단어》까지 학습하면 풍부한 단어를 쓸 수 있어요.

STEP 3 다시 쓰기 글 한 편을 다시 써요!

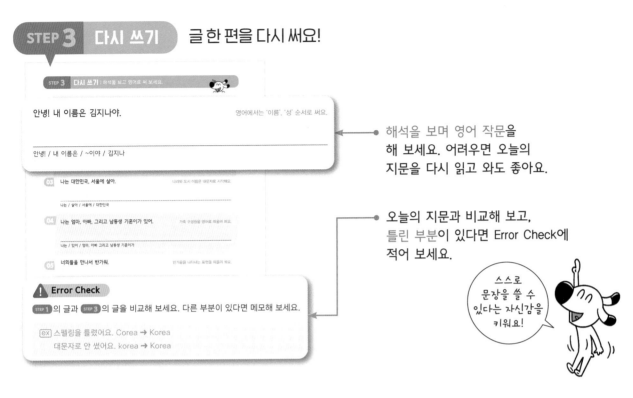

해석을 보며 영어 작문을
해 보세요. 어려우면 오늘의
지문을 다시 읽고 와도 좋아요.

오늘의 지문과 비교해 보고,
틀린 부분이 있다면 Error Check에
적어 보세요.

> 스스로
> 문장을 쓸 수
> 있다는 자신감을
> 키워요!

STEP 4 내 글쓰기 문장 패턴을 이용해 자유롭게 써요!

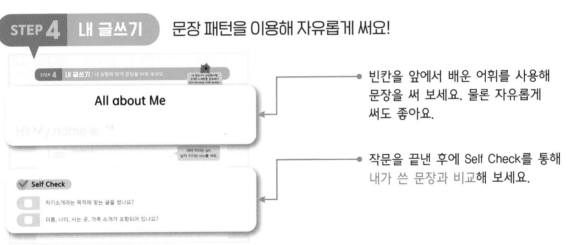

빈칸을 앞에서 배운 어휘를 사용해
문장을 써 보세요. 물론 자유롭게
써도 좋아요.

작문을 끝낸 후에 Self Check를 통해
내가 쓴 문장과 비교해 보세요.

단어 모으기 & 문장 스트레칭

이 책을 완벽하게 활용하려면 다음 두 코너를 잊지 마세요. 특히 모르거나 헷갈린 부분이 있다면
체크해 놓았다가 다음 날 한 번 보고 주말에 또 한 번 보고 복습하세요.

★단어 모으기★
앞 유닛에서 배운 단어들을
한 번 더 확인해요.
초등 기초 단어를 탄탄하게
정리할 수 있어요!

★문장 스트레칭★
앞 유닛에서 배운 문장 패턴을
다시 모아 내 문장을 써요.
헷갈리던 패턴을 다시 한번
점검해 볼 수 있어요!

영어 글쓰기 꿀팁

1 우리말과 영어로 문장을 자유롭게 번역할 수 있어야 해요!

초등학교 교과서 문장 수준은 모두 완벽하게 익혀야 해요.
ex My name is Jina Kim. ⇔ 내 이름은 김지나야.

2 단어의 대문자를 꼼꼼하게 챙겨야 해요!

이름과 성, 나라와 지명, 요일, 달 등과 같은 단어의 첫글자는 대문자로 써야 해요.

이름 / 성	Jina Kim 김지나, Roy Choi 최로이, Betty 베티
나라 / 지명	Korea 한국, England 영국, Seoul 서울, Busan 부산
요일	Monday 월요일, Tuesday 화요일, Wednesday 수요일, Thursday 목요일, Friday 금요일, Saturday 토요일, Sunday 일요일
달	January 1월, February 2월, March 3월, April 4월, May 5월, June 6월, July 7월, August 8월, September 9월, October 10월, November 11월, December 12월

3 문장부호(구두점)을 정확하게 사용해야 해요!

문장에 문장부호를 용도에 맞게 잘 썼는지 꼭 확인해야 해요.

.	문장이 끝날 때 사용 ex Nice to meet you.
,	구분을 나누거나 열거할 때 사용 ex I have a mom, a dad, and a little brother, Kihoon.
" "	직접 말한 내용, 인용, 제목, 말이나 글에서 단어 혹은 구를 강조할 때 사용 ex He always says, "Get some rest and go to bed early."
'	소유, 축약형 등 할 때 사용 ex I don't like carrots the most.
–	단어를 결합할 때 사용 ex I am a 10-year-old.
!	감정이나 느낌이 들어 있는 감탄사나 인사에 사용 ex Hello!
?	의문문(질문할 때)에 사용 ex How do you feel today?

4 문법은 생각보다 중요해요!

내가 자주 실수하는 문법들(관사 실수, 시제 실수, 아포스트로피(')를 써서 철자를 빼먹는 실수 등)을 따로 정리해서 다시 꼭 확인해요.

Topic 1

About Me

나에 대해서

Unit 01

자기소개에 필요한 표현 배우기

My Name Is Jina Kim.

내 이름은 김지나야.

따라 쓰기 | 자기소개 글을 읽으며 따라 쓰세요.

01 Hello! My name is Jina Kim.

02 I am a 10-year-old girl.

03 I live in Seoul, Korea.

04 I have a mom, a dad,

and a little brother, Kihoon.

05 Nice to meet you.

성과 이름은 대문자로 시작하네!
남동생 기훈이(Kihoon) 이름의 첫 글자도 대문자 K!

해석 및 정답 ▶ 142쪽

QUIZ 위 내용을 잘 이해했는지 빈칸을 채워 보세요.

(First) Name 이름	Family Name 성	Age 나이	Country 나라
Jina			

Words

hello 안녕(인사)   **name** 이름   **year** 해, ~살   **old** 나이 든, ~살의   **girl** 소녀   **live** 살다
mom 엄마   **dad** 아빠   **little brother** 남동생   **nice** 좋은   **meet** 만나다

STEP 2 패턴 연습하기 | 활용하기 좋은 패턴을 익혀 보세요.

01 My name is Jina Kim. 내 이름은 김지나야.

예문 쓰기 My name is Roy Choi. 내 이름은 최로이야.

내 문장 쓰기 My name is ______________________.

영어로 이름을 쓸 때는 우리말처럼 '성+이름'의 순서가 아니라 '이름+성'의 순서로 써요. 예를 들어 우리말 이름인 '김지나'는 영어로 Jina Kim이라고 써요. 그리고 성과 이름의 첫 글자는 꼭 대문자로 써야 해요.

02 I am a 10-year-old girl. 나는 10살 소녀야.

예문 쓰기 I am a 9-year-old boy. 나는 9살 소년이야.

내 문장 쓰기 I am ______________________.

영어로 나이는 '숫자-year-old+명사' 또는 '숫자+years old'로 나타낼 수 있어요. 예를 들어 I am a 10-year-old girl.처럼 쓰거나 I am 10 years old.라고 쓸 수 있어요.

03 I have a little brother. 나는 남동생이 있어.

예문 쓰기 I have a little sister. 나는 여동생이 있어.

내 문장 쓰기 I have ______________________.

'저는 (~을 가지고) 있어요.' 또는 '저는 (가족이) 있어요.' 등을 표현할 때는 I have ~를 사용해요. 나보다 나이가 어린 형제는 little이나 younger를 붙이고, 나보다 나이가 많은 형제는 older를 붙여서 표현해요.

01 안녕! 내 이름은 김지나야.

영어에서는 '이름', '성' 순서로 써요.

_____

안녕! / 내 이름은 / ~이야 / 김지나

02 나는 10살 소녀야.

나이를 나타낼 때는 '숫자-year-old+명사'를 써요.

_____

나는 / ~이야 / 10살 소녀

03 나는 대한민국, 서울에 살아.

나라와 도시 이름은 대문자로 시작해요.

_____

나는 / 살아 / 서울에 / 대한민국

04 나는 엄마, 아빠, 그리고 남동생 기훈이가 있어.

가족 구성원을 영어로 떠올려 봐요.

_____

나는 / 있어 / 엄마, 아빠 그리고 남동생 기훈이가

05 너희들을 만나서 반가워.

반가움을 나타내는 표현을 떠올려 봐요.

_____

반가워 / 만나서 / 너희들을

⚠ Error Check

STEP 1 의 글과 **STEP 3** 의 글을 비교해 보세요. 다른 부분이 있다면 메모해 보세요.

ex 스펠링을 틀렸어요. Corea ➜ Korea
대문자로 안 썼어요. korea ➜ Korea

내 글쓰기가 고민된다면,
STEP 2 패턴을 참고해서
단어 하나라도 바꿔 보세요~

All about Me

Hi! My name is ⎡이름⎤ .

I am ⎡나이+소년/소녀⎤ .

> 여자 아이는 girl,
> 남자 아이는 boy를 써요.

I live in ⎡사는 곳⎤ .

I have ⎡가족⎤

⎡처음 만난 사람과 하는 인사⎤

＊Hello와 Hi는 같은 인사말이에요.

✔ Self Check

☐ 자기소개라는 목적에 맞는 글을 썼나요?

☐ 이름, 나이, 사는 곳, 가족 소개가 포함되어 있나요?

☐ 철자, 문장 부호, 대소문자를 틀리지 않고 썼나요?

취미 소개에 필요한 표현 배우기

My Hobby Is Drawing.

내 취미는 그림 그리기야.

STEP 1 **따라 쓰기** | 취미 소개 글을 읽으며 따라 쓰세요.

01 My hobby is drawing.

02 I draw pictures every day.

03 I like making things, too.

04 I make robots on weekends.

05 I am talented at art.

해석 및 정답 ▶ 142쪽

Quiz 위 내용과 일치하면 ○, 아니면 X에 표시하세요.

■ My hobby is drawing.   O   X

■ I like making things like robots.   O   X

Words

hobby 취미   **drawing / draw** 그림 그리기 / 그리다   **picture** 그림   **like** 좋아하다

making / make 만들기 / 만들다   **too** 또, 역시   **weekend** 주말   **talented** 소질이 있는   **art** 미술

STEP 2 패턴 연습하기 | 활용하기 좋은 패턴을 익혀 보세요.

01 My hobby is drawing. 내 취미는 그림 그리기야.

예문 쓰기 My hobby is reading books. 내 취미는 책 읽기야.

내 문장 쓰기 My hobby is ____________________.

자신의 취미를 소개할 때는 My hobby is ~라는 표현을 써요. playing the piano(피아노 치기), reading books(책 읽기), swimming(수영하기), playing soccer(축구하기) 등 여러분의 취미를 영어로 표현해 보세요.

02 I make robots on weekends. 나는 주말마다 로봇을 만들어.

예문 쓰기 I make robots on Fridays. 나는 금요일마다 로봇을 만들어.

내 문장 쓰기 I make robots ____________________.

한 번이 아니라 매번 일어나는 일에는 -s를 붙여요. 예를 들어 on weekends(주말마다), on Mondays(월요일마다), on Wednesdays(수요일마다)처럼 쓸 수 있어요. 참고로 요일의 첫 글자는 대문자로 쓰고, 요일 앞에는 on을 붙여요.

03 I am talented at art. 나는 미술에 소질이 있어.

예문 쓰기 I am talented at writing. 나는 글쓰기에 소질이 있어.

내 문장 쓰기 I am talented at ____________________.

여러분은 어떤 분야에 소질이 있나요? singing(노래 부르기), dancing(춤추기), cooking(요리하기), sports(스포츠) 등 자신의 소질을 영어로 표현해 보세요. '~에 소질이 있다, 재능이 있다'는 be talented at으로 표현해요.

01 **내 취미는 그림 그리기야.**

'취미'를 영어로 떠올려 보세요.

내 취미는 / ~이야 / 그림 그리기

02 **나는 매일 그림을 그려.**

'그림을 그리다'라는 표현을 떠올려요.

나는 / 그려 / 그림을 / 매일

03 **나는 물건들 만들기 또한 좋아해.**

'또, 역시'는 too를 써요.

나는 / 좋아해 / 만들기를 / 물건들 / 또한

04 **나는 주말마다 로봇을 만들어.**

'주말마다'는 weekend에 -s를 붙여요.

나는 / 만들어 / 로봇을 / 주말마다

05 **나는 미술에 소질이 있어.**

'~에 소질이 있다'라는 표현을 떠올려요.

나는 / ~에 소질이 있어 / 미술

⚠ **Error Check**

STEP 1 의 글과 STEP 3 의 글을 비교해 보세요. 다른 부분이 있다면 메모해 보세요.

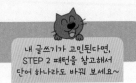

내 글쓰기가 고민된다면,
STEP 2 패턴을 참고해서
단어 하나라도 바꿔 보세요~

My Hobby

My hobby is 취미 .

I 매일 하는 취미 every day.

I like 좋아하는 취미 , too.

I 주기적으로 하는 취미 on 요일 .

> 요일의 첫글자는
> 대문자로 써요.

I am talented at 소질 있는 분야 .

Self Check

취미 소개라는 목적에 맞는 글을 썼나요?

어떤 취미인지, 언제 취미 활동을 하는지가 포함되어 있나요?

철자, 문장 부호, 대소문자를 틀리지 않고 썼나요?

Unit 03

특기 소개에 필요한 표현 배우기

I Can Swim Well.

나는 수영을 잘할 수 있어.

STEP 1 | **따라 쓰기** | 특기 소개 글을 읽으며 따라 쓰세요.

01 I can swim well.

02 I can sing beautifully.

03 I can run really fast.

04 I can solve math problems quickly.

05 I can write my name in English.

can 다음에는 항상 동사원형(동사의 원래 형태)이 쓰이네!

해석 및 정답 ▶ 143쪽

QUIZ 위 내용에서 I가 할 수 있는 활동으로 알맞은 것에 ○하세요.

jump	swim	cook	fly	run
dance	draw	sing	read	clean

Words

can ~할 수 있다   **swim** 수영하다   **sing** 노래하다   **run** 달리다   **solve** (문제를) 풀다

math problem 수학 문제   **quickly** 재빨리   **write** 쓰다

20

01 I can swim well.

나는 수영을 잘할 수 있어.

예문 쓰기 I can dance well.

나는 춤을 잘 출 수 있어.

내 문장 쓰기 I can _____ well.

can은 '~을 할 수 있다'라는 의미를 전달할 때 필요한 조동사 표현이에요. 그래서 동작을 나타내는 동사 앞에 can 을 붙이면 그 동작을 '해낼 수 있다'는 뜻이 돼요. dance(춤추다), run(달리다), skate(스케이트 타다), ski(스키 타 다), draw(그림 그리다) 등의 표현을 이용해 써 보세요.

02 I can sing beautifully.

나는 노래를 아름답게 부를 수 있어.

예문 쓰기 I can sing excitedly.

나는 노래를 신나게 부를 수 있어.

내 문장 쓰기 I can sing _____.

happily(행복하게), beautifully(아름답게), slowly(느리게)처럼 내가 하는 행동을 강조하거나 꾸며 주는 말을 '부 사'라고 해요. 부사는 주로 -ly로 끝나는 단어들이에요. 내가 노래를 어떻게 부를 수 있는지 부사를 활용해 써 보세요.

03 I can write my name in English.

나는 영어로 내 이름을 쓸 수 있어.

예문 쓰기 I can write my name in French.

나는 프랑스어로 내 이름을 쓸 수 있어.

내 문장 쓰기 I can write my name _____.

여러분은 어떤 언어로 여러분의 이름을 쓸 수 있나요? Korean(한국어), French(프랑스어), Chinese(중국어), Japanese(일본어), Italian(이탈리아어) 등 언어를 나타내는 단어를 in 뒤에 써 보세요.

01 나는 수영을 잘할 수 있어.

can을 활용해 보세요.

_____

나는 / 할 수 있어 / 수영하다 / 잘

02 나는 노래를 아름답게 부를 수 있어.

'아름답게'는 beautifully예요.

_____

나는 / 할 수 있어 / 노래 부르다 / 아름답게

03 나는 매우 빨리 달릴 수 있어.

'매우'는 really를 쓸 수 있어요.

_____

나는 / 할 수 있어 / 달리다 / 매우 / 빨리

04 나는 수학 문제들을 재빨리 풀 수 있어.

'풀다'는 solve를 써요.

_____

나는 / 할 수 있어 / 풀다 / 수학 문제들을 / 재빨리

05 나는 영어로 내 이름을 쓸 수 있어.

'영어로'라고 할 때는 앞에 in을 써요.

_____

나는 / 할 수 있어 / 쓰다 / 내 이름을 / 영어로

⚠ Error Check

STEP 1 의 글과 STEP 3 의 글을 비교해 보세요. 다른 부분이 있다면 메모해 보세요.

내 글쓰기가 고민된다면,
STEP 2 패턴을 참고해서
단어 하나라도 바꿔 보세요~

What I Can Do

내가 잘할 수 있는
5가지를 떠올려 보세요.

I can 특기 1 .

I can 특기 2 .

I can 특기 3 .

I can 특기 4 .

I can 특기 5 .

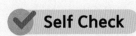

Self Check

특기 소개라는 목적에 맞는 글을 썼나요?

내가 잘할 수 있는 활동 5가지를 모두 썼나요?

철자, 문장 부호, 대소문자를 틀리지 않고 썼나요?

Unit 04

특징 소개에 필요한 표현 배우기

I Am a Picky Eater.

나는 편식쟁이야.

01 I am a picky eater.

02 I like meat, and I don't like vegetables.

03 I don't like carrots the most.

04 However, my mom likes carrots the most.

05 We are so different.

해석 및 정답 ▶ 143쪽

Quiz 위 내용을 잘 이해했는지 빈칸을 채워 보세요.

What I Like	What I Dislike the Most	My Mom's Favorite
내가 좋아하는 것	내가 가장 싫어하는 것	우리 엄마가 가장 좋아하는 것

Words

picky eater 편식쟁이　　　　meat 고기　　　vegetable 채소　　　　carrot 당근
most 가장 (많이)　　　different 다른

STEP 2 패턴 연습하기 | 활용하기 좋은 패턴을 익혀 보세요.

01 I am a picky eater. 난 편식쟁이야.

예문 쓰기 I am a bookworm. 난 책벌레야.

내 문장 쓰기 I am ________________.

picky eater는 '편식쟁이'라는 말인데, picky가 '까다로운'이라는 뜻이에요. 여러분은 별명이 있나요? 틀려도 괜찮으니 영어로 자신의 별명을 한번 표현해 보세요. 만약 영어 표현을 모른다면 한글로 써 보세요.

02 I don't like vegetables. 나는 채소를 좋아하지 않아.

예문 쓰기 I don't like sports. 나는 스포츠를 좋아하지 않아.

내 문장 쓰기 I don't like ________________.

여러분은 무엇을 안 좋아하나요? 좋아하는 것을 표현할 때 like라는 동사를 활용하는데, 좋아하지 않는 것을 나타낼 때는 like 앞에 do not의 줄임말인 don't를 붙여 don't like라고 쓴답니다.

03 My mom likes carrots the most. 우리 엄마는 당근을 가장 좋아해.

예문 쓰기 You like carrots the most. 너는 당근을 가장 좋아해.

내 문장 쓰기 ________________ carrots the most.

가장 좋아하는 것을 나타낼 때는 I like ~ the most라고 써요. You, We, They도 like를 쓰는데, He, She, It은 like 뒤에 -s를 붙여요. 그래서 엄마는 She니까 My mom like가 아니라 My mom likes가 되는 거예요. My mom 대신 다른 주어를 써서 문장을 완성해 보세요.

01 나는 편식쟁이야.

'편식쟁이'는 picky eater예요.

_____

나는 / ~이야 / 편식쟁이

02 나는 고기를 좋아하고 채소를 좋아하지 않아.

'~을 좋아하지 않다'는 don't like를 써요.

_____

나는 / 좋아해 / 고기를 / 그리고 / 좋아하지 않아 / 채소를

03 나는 당근을 가장 좋아하지 않아.

'제일', '가장'은 the most를 써요.

_____

나는 / 좋아하지 않아 / 당근을 / 가장

04 하지만 우리 엄마는 당근을 가장 좋아해.

'하지만'은 however를 써요.

_____

하지만 / 우리 엄마는 / 좋아해 / 당근을 / 가장

05 우리는 아주 달라.

'다른'은 different를 써요.

_____

우리는 / ~이야 / 아주 / 다른

⚠ **Error Check**

STEP 1 의 글과 STEP 3 의 글을 비교해 보세요. 다른 부분이 있다면 메모해 보세요.

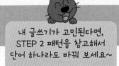

내 글쓰기가 고민된다면,
STEP 2 패턴을 참고해서
단어 하나라도 바꿔 보세요~

My Personality

I am 별명 .

나의 특징을 나타내는
별명을 지어 보세요.

이유 .

자세한 이유 the most.

However, 나와 반대인 사람

.

우리는 다르다 .

Self Check

특징 소개라는 목적에 맞는 글을 썼나요?

like와 don't like를 모두 활용하여 썼나요?

철자, 문장 부호, 대소문자를 틀리지 않고 썼나요?

감정 소개에 필요한 표현 배우기

I Am Happy Today.

나는 오늘 행복해.

01 I am happy today.

02 Because I passed the test.

03 I am not happy today.

04 Because my friend

Rosa moved away.

05 How do you feel today?

해석 및 정답 ▶ 144쪽

QUIZ 위 내용과 일치하면 ○, 아니면 X에 표시하세요.

■ I am not happy because I passed the test.　　　　o　　　X

■ I am happy because my friend moved away.　　　　o　　　X

Words

| happy 행복한 | because 왜냐하면 | pass the test 시험에 통과하다 | friend 친구 |
| move away 이사 가다 | feel 느끼다 | | |

01

I am happy today.

나는 오늘 행복해.

예문
쓰기 I am sad today.

나는 오늘 슬퍼.

내 문장
쓰기 I am _____ today.

> 오늘 여러분의 기분은 어떤가요? 기분을 나타낼 때는 I am(주어+be동사) 뒤에 기분을 나타내는 형용사를 넣어 주면 돼요. joyful(즐거운), surprised(놀라운), angry(화난) 등을 넣어 오늘 기분을 영어로 표현해 보세요.

02

Because I passed the test.

왜냐하면 나는 시험에 통과했거든.

예문
쓰기 Because I failed the test.

왜냐하면 나는 시험에 떨어졌거든.

내 문장
쓰기 Because _____.

> 왜인지 이유를 설명할 때 because라는 접속사를 쓸 수 있어요. because 다음에는 '주어+동사' 형태의 문장이 온답니다. 시험 등에 '통과하다'는 pass, '떨어지다'는 fail을 써요.

03

I am not happy today.

나는 오늘 행복하지 않아.

예문
쓰기 I am not sad today.

나는 오늘 슬프지 않아.

내 문장
쓰기 I am not _____ today.

> 기분을 나타내는 형용사를 더 알아볼까요? excited(신이 난), moved(감동받은), bored(지루한) 등도 있어요. 그리고 '(기분이) ~하지 않다'라고 할 때는 not을 사용해요. 이때 not의 위치는 be동사 뒤예요.

01 나는 오늘 행복해.

'~하다'는 be동사를 쓰는데 I와 짝꿍인 be동사는 am이에요.

_____

나는 / ~해 / 행복한 / 오늘

02 왜냐하면 나는 시험에 통과했거든.

'왜냐하면'이 영어로 뭔지 떠올려 보세요.

_____

왜냐하면 / 나는 / 통과했어 / 시험을

03 나는 오늘 행복하지 않아.

not의 위치를 잘 떠올려요.

_____

나는 / ~하지 않아 / 행복한 / 오늘

04 왜냐하면 내 친구 로사가 이사를 갔거든.

'이사 가다'는 영어로 뭘까요?

_____

왜냐하면 / 내 친구 로사가 / 이사 갔어

05 오늘 너는 기분이 어때?

의문사 how를 써서 기분을 물어보세요.

_____

어때 / 너는 / 기분이 / 오늘

⚠ **Error Check**

STEP 1 의 글과 STEP 3 의 글을 비교해 보세요. 다른 부분이 있다면 메모해 보세요.

My Feelings

I am   기분   .   오늘 기분이
                                                                     어떤가요?

Because   이유   .

I am not   기분   .

Because   이유   .

How   기분을 물어보는 질문   ?

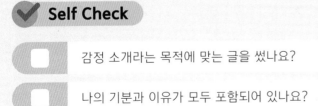
Self Check

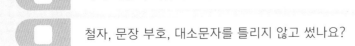

감정 소개라는 목적에 맞는 글을 썼나요?

나의 기분과 이유가 모두 포함되어 있나요?

철자, 문장 부호, 대소문자를 틀리지 않고 썼나요?

WORDS 단어 모으기 Units 01~05 단어를 다시 써 보며 확인해요.

UNIT 01		
☐ hello		
☐ name		
☐		해, 년
☐		나이 든
☐ girl		
☐ live		
☐		엄마
☐		아빠
☐ little brother		
☐ nice		
☐		만나다

UNIT 02		
☐ hobby		
☐ drawing / draw		
☐ p		그림
☐ l		좋아하다
☐ making /make		
☐ too		
☐ w		주말
☐ t		소질이 있는
☐ art		

UNIT 03		
☐ can		
☐ swim		
☐		노래하다
☐		달리다
☐ solve		
☐ math problem		
☐		재빨리
☐		쓰다

UNIT 04		
☐ picky eater		
☐ meat		
☐ vegetable		
☐ c		당근
☐ most		
☐ different		

UNIT 05		
☐		행복한
☐		왜냐하면
☐ pass the test		
☐ friend		
☐		이사 가다
☐		느끼다

문장 SENTENCES 스트레칭 패턴 문장을 참고해 나의 문장을 써 봐요.

UNIT 01

대표 문장

1 My name is Jina Kim.
2 I am a 10-year-old girl.
3 I have a little brother.

변형 문장

1 My name is Roy Choi.
2 I am a 9-year-old boy.
3 I have a little sister.

빈 공간에 한 번씩
따라 쓰면 좋아요!

나의 문장

1 _____

2 _____

3 _____

UNIT 02

대표 문장

1 My hobby is drawing.
2 I make robots on weekends.
3 I am talented at art.

변형 문장

1 My hobby is reading books.
2 I make robots on Fridays.
3 I am talented at writing.

빈 공간에 한 번씩
따라 쓰면 좋아요!

나의 문장

1 _____

2 _____

3 _____

대표 문장

1 I can swim well.

2 I can sing beautifully.

3 I can write my name in English.

변형 문장

1 I can dance well.

2 I can sing excitedly.

3 I can write my name in French.

빈 공간에 한 번씩
따라 쓰면 좋아요!

나의 문장

1

2

3

대표 문장

1 I am a picky eater.

2 I don't like vegetables.

3 Mom likes carrots the most.

변형 문장

1 I am a bookworm.

2 I don't like sports.

3 You like carrots the most.

빈 공간에 한 번씩
따라 쓰면 좋아요!

나의 문장

1

2

3

대표 문장

1 I am happy today.
2 Because I passed the test.
3 I am not happy today.

변형 문장

1 I am sad today.
2 Because I failed the test.
3 I am not sad today.

빈 공간에 한 번씩
따라 쓰면 좋아요!

나의 문장

1
_____

2
_____

3
_____

메모   어려웠던 문장만 모아 다시 써 보세요.

_____

_____

_____

_____

_____

_____

Topic 1 About Me

Title:

내 이야기를
자유롭게 적어
보세요. 글쓰기에는
정답이 없으니까요.

 스펠링과 문법 확인을 위해 네이버 사전, 파파고 앱이나
그래멀리 웹사이트(grammarly.com)를 이용할 수 있어요.

Topic 2

People

사람들

엄마 소개에 필요한 표현 배우기

My Mom Is a Superwoman.

우리 엄마는 슈퍼우먼이야.

STEP 1 **따라 쓰기** | 엄마 소개 글을 읽으며 따라 쓰세요.

01 My mom is a superwoman.

02 She teaches children at school.

03 At home, she takes care of my brother and me.

04 She is good at cooking.

05 I think she is a superwoman.

해석 및 정답 ▶ 145쪽

Quiz 위 내용을 잘 이해했는지 빈칸을 채워 보세요.

Mom's Nickname	Mom's Job	She is good at _____.
엄마의 별명	엄마의 직업	그녀는 _____을 잘해.

Words

teach 가르치다　　**children** 아이들　　**take care of** ~를 돌보다　　**be good at** ~을 잘하다, 능숙하다
cook 요리하다

01 My mom is a superwoman.　　　　　　　우리 엄마는 슈퍼우먼이야.

예문 쓰기　My mom is a morning person.　　　우리 엄마는 아침형 인간이야.

내 문장 쓰기　My mom is _____.

엄마들은 못하는 게 없는 거 같아요. 여러분의 엄마는 어때요? 엄마에게 아주 멋지고, 예쁜 별명을 지어 주세요. 영어 표현을 모르겠다면 사전을 찾아보거나 한글로 써도 돼요.

02 She teaches children at school.　　　그녀는 학교에서 아이들을 가르쳐.

예문 쓰기　She cleans the house.　　　　　　그녀는 집을 청소해.

내 문장 쓰기　She _____.

엄마가 평소에 많이 하시는 일을 써 보세요. cook(요리하다), read books(책을 읽다), clean the house(집을 청소하다), work in an office(회사에서 일하다) 등의 표현을 사용해 보세요. She 뒤에는 동사에 -s를 붙이는 걸 잊지 마세요.

03 She is good at cooking.　　　　　　　그녀는 요리를 잘해.

예문 쓰기　She is good at washing the dishes.　그녀는 설거지를 잘해.

내 문장 쓰기　She is good at _____.

be good at은 '~을 잘하다, ~에 능숙하다'란 뜻이에요. 그런데 be good at 뒤에 동사를 쓸 때는 항상 -ing 형태로 써야 해요. 그래서 cook이 아닌 cooking, wash가 아닌 washing이 온다는 사실을 기억하세요.

01 우리 엄마는 슈퍼우먼이야.

'우리 엄마'는 my mom이에요.

_____

우리 엄마는 / ~이야 / 슈퍼우먼

02 그녀는 학교에서 아이들을 가르쳐.

장소를 나타낼 때는 앞에 at을 써요.

_____

그녀는 / 가르쳐 / 아이들을 / 학교에서

03 그녀는 집에서 내 동생과 나를 돌봐.

'돌보다'는 take care of를 써요.

_____

집에서 / 그녀는 / 돌봐 / 내 동생과 나를

04 그녀는 요리를 잘해.

'~을 잘하다'는 be good at으로 표현해요.

_____

그녀는 / 잘해 / 요리를

05 나는 그녀가 슈퍼우먼이라고 생각해.

내 생각을 표현할 때는 I think를 써요.

_____

나는 / 생각해 / 그녀는 / ~이야 / 슈퍼우먼

⚠️ **Error Check**

STEP 1 의 글과 STEP 3 의 글을 비교해 보세요. 다른 부분이 있다면 메모해 보세요.

내 글쓰기가 고민된다면,
STEP 2 패턴을 참고해서
단어 하나라도 바꿔 보세요~

All about Mom

My mom is [별명] .

우리 엄마의 멋진
별명을 지어 봐요.

She [근거 1] .

She [근거 2] .

She is good at [근거 3] .

I think she is [별명] .

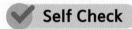

Self Check

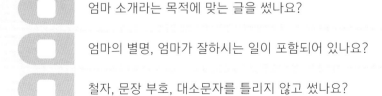
엄마 소개라는 목적에 맞는 글을 썼나요?

엄마의 별명, 엄마가 잘하시는 일이 포함되어 있나요?

철자, 문장 부호, 대소문자를 틀리지 않고 썼나요?

Unit 07

아빠 소개에 필요한 표현 배우기

My Dad Is So Sweet.

우리 아빠는 매우 자상해.

STEP 1 **따라 쓰기** | 아빠 소개 글을 읽으며 따라 쓰세요.

01 My dad is so sweet.

02 He plays board games with us after work.

03 He does the dishes after dinner.

04 He reads books to us before going to bed.

05 So I call him honey bear.

해석 및 정답 ▶ 145쪽

Quiz 아빠가 퇴근 후에 하는 활동 세 가지를 써 보세요.

1   2   3

Words

sweet 자상한, 달콤한   play board games 보드게임하다   after work 퇴근 후에
do the dishes 설거지하다   go to bed 자다, 자러 가다   call 부르다

01

My dad is so sweet.

우리 아빠는 매우 자상해.

예문 쓰기 **My dad is so** friendly.

우리 아빠는 매우 다정해.

내 문장 쓰기 My dad is so _____.

> sweet는 맛을 나타낼 때는 '달콤한'이라는 뜻이지만 사람의 성격을 묘사할 때는 '자상한'이라는 의미예요. 성격을 나타내는 다른 형용사로는 kind(친절한), wise(현명한), friendly(다정한), picky(까다로운), strict(엄격한) 등이 있어요.

02

He plays board games.

그는 보드게임을 해.

예문 쓰기 **He** plays soccer.

그는 축구를 해.

내 문장 쓰기 He _____.

> He, She, It이 주어일 때는 동사 뒤에 -s 또는 -es를 붙여요. 그래서 He play가 아니라 He plays가 되는 거랍니다. 그리고 '~ 운동/게임을 하다'는 play basketball(농구하다), play soccer(축구하다)처럼 'play+운동/게임 종목'으로 표현해요.

03

I call him honey bear.

나는 그를 허니 베어라고 불러.

예문 쓰기 **I call him** my hero.

나는 그를 나의 영웅이라고 불러.

내 문장 쓰기 I call him _____.

> 내가 다른 사람의 별명을 부를 때는 I call A B(나는 A를 B라고 부르다)라는 표현을 써요. 사람(A), 별명(B)의 순서로 쓰는 데 주의하세요. 여러분 아빠의 별명은 무엇인지 생각해 보세요. 한글로 써도 좋아요.

STEP 3 **다시 쓰기** | 해석을 보고 영어로 써 보세요.

01 우리 아빠는 매우 자상해.

사람의 성격을 나타내는 형용사를 떠올려요.

_____

우리 아빠는 / ~이야 / 매우 / 자상한

02 그는 퇴근 후에 우리랑 보드게임을 해.

'퇴근 후에'는 영어로 after work를 써요.

_____

그는 / 보드게임을 해 / 우리랑 / 퇴근 후에

03 그는 저녁 식사 후에 설거지를 해.

'설거지하다'는 do the dishes예요.

_____

그는 / 설거지를 해 / 저녁 식사 후에

04 그는 자기 전에 우리에게 책을 읽어 줘.

He 다음에 오는 동사에는 -s를 붙여요.

_____

그는 / 읽어 줘 / 책을 / 우리에게 / 자기 전에

05 그래서 나는 그를 허니 베어라고 불러.

별명을 부를 때는 call을 써요.

_____

그래서 / 나는 / 불러 / 그를 / 허니 베어

⚠ **Error Check**

STEP 1 의 글과 STEP 3 의 글을 비교해 보세요. 다른 부분이 있다면 메모해 보세요.

내 글쓰기가 고민된다면,
STEP 2 패턴을 참고해서
단어 하나라도 바꿔 보세요~

All about Dad

My dad is 성격   .

성격을 나타내는
형용사를 써요.

He 근거 1   with us after work.

He 근거 2   after dinner.

He 근거 3

before going to bed.

So I call him 별명   .

친구 소개에 필요한 표현 배우기

I Have a Best Friend.

나는 가장 친한 친구가 있어.

01 I have **a best friend.**

02 Her name is **Betty.**

03 She is **tall and slim.**

04 She has **blue eyes** and

long curly hair.

05 Above all, she has **a good personality.**

이름은 대문자로 시작하지!
친구 베티(Betty)의 이름 첫 글자도 대문자 B!

해석 및 정답 ▶ 146쪽

Quiz 위 내용을 읽고, Betty를 묘사하고 있는 단어에 ○해 보세요.

tall	short	slim	blue hair	blue eyes
long hair	short hair	curly hair	brown eyes

Words

best friend 가장 친한 친구 **tall** 키가 큰 **slim** 날씬한 **blue** 파란색(의) **eye** 눈
long 긴 **curly hair** 곱슬머리 **above all** 무엇보다 **personality** 성격

01 I have **a best friend.**

나는 가장 친한 친구가 있어.

예문
쓰기 She has **a best friend.**

그녀는 가장 친한 친구가 있어.

내 문장
쓰기 _____ a best friend.

🐶 have는 뜻이 여러 가지인 동사인데, 여기서는 '~이 있어'라는 뜻으로 쓰였어요. have 동사는 주어에 따라 모습이 불규칙적으로 바뀌어요. She, He, It이 주어일 때는 have 대신 has로 써요.

02 She is **tall and slim.**

그녀는 키가 크고 날씬해.

예문
쓰기 I am short **and** chubby.

나는 키가 작고 통통해.

내 문장
쓰기 He is _____ and _____.

🐶 사람의 외모를 나타내는 여러 가지 표현을 사용해 보세요. 키를 나타낼 때는 tall(키가 큰), short(작은) 등을, 체형을 나타낼 때는 slim(날씬한), chubby(통통한) 등을 사용할 수 있어요. 키와 체형을 영어로 표현해 보세요.

03 She has **blue eyes and long curly hair.**

그녀는 파란 눈과 긴 곱슬머리를 가졌어.

예문
쓰기 I have brown eyes **and** short straight hair.

나는 갈색 눈과 짧은 생머리를 가졌어.

내 문장
쓰기 She has _____ and _____.

🐶 사람의 눈은 brown(갈색), black(검은색), gray(회색), green(초록색) 등 색깔이 다양해요. 헤어 스타일을 curly hair(곱슬머리), straight hair(생머리), bobbed hair(단발머리) 등으로 표현해 보세요.

01 나는 가장 친한 친구가 있어.

best friend는 '가장 친한 친구'를 말해요.

_____

나는 / 있어 / 가장 친한 친구가

02 그녀의 이름은 베티야.

'그녀의'는 her를 써요.

_____

그녀의 이름은 / ~이야 / 베티

03 그녀는 키가 크고 날씬해.

'키가 큰'은 tall, '날씬한'은 slim을 써요.

_____

그녀는 / ~해 / 키가 큰 / 그리고 / 날씬한

04 그녀는 파란 눈과 긴 곱슬머리를 가졌어.

눈은 두 개니까 eyes로 써요.

_____

그녀는 / 가졌어 / 파란 눈(들)을 / 그리고 / 긴 곱슬머리를

05 무엇보다 그녀는 좋은 성격을 가졌어.

above all은 '무엇보다'라는 뜻이에요.

_____

무엇보다 / 그녀는 / 가졌어 / 좋은 성격을

⚠ **Error Check**

STEP 1 의 글과 STEP 3 의 글을 비교해 보세요. 다른 부분이 있다면 메모해 보세요.

내 글쓰기가 고민된다면,
STEP 2 패턴을 참고해서
단어 하나라도 바꿔 보세요~

All about My Best Friend

I have [친한 친구] .

친구가 여자라면 Her name,
남자라면 His name을 써요.

[ ] name is [친구 이름] .

[ ] is [키와 체형] .

[ ] has [눈 묘사] and

[머리 스타일 묘사] .

Above all, [친구 성격] .

Self Check

친구 소개라는 목적에 맞는 글을 썼나요?

친구의 이름, 외모, 성격이 포함되어 있나요?

철자, 문장 부호, 대소문자를 틀리지 않고 썼나요?

선생님 소개에 필요한 표현 배우기

My Favorite Teacher Is James.

내가 가장 좋아하는 선생님은 제임스야.

STEP 1 **따라 쓰기** | 선생님 소개 글을 읽으며 따라 쓰세요.

01 My favorite teacher is James.

02 He is an English teacher.

03 He is from England.

04 He wears glasses and a blue shirt.

05 He looks so smart.

나라명은 대문자로 시작하네!
영국(England)도 대문자 E!

해석 및 정답 ▶ 146쪽

Quiz 위 내용과 일치하면 ○, 아니면 X에 표시하세요.

■ My favorite teacher is James.　　　　　　o　　　X

■ He wears a black shirt.　　　　　　o　　　X

Words

favorite 가장 좋아하는　　　teacher 선생님　　　England 영국　　　wear 입다, 입고 있다
glasses 안경　　　shirt 셔츠　　　look ~처럼 보이다　　　smart 똑똑한

50

01

He is from England.

그는 영국 출신이야.

예문 쓰기 She is from the USA.

그녀는 미국 출신이야.

내 문장 쓰기 He is from _____.

> "어느 나라 사람인가요?"라는 질문에 "나는 한국인이에요."라고 말하고 싶다면 "I am from Korea."라고 말하면 돼요. the USA(미국), Canada(캐나다), China(중국), France(프랑스), Germany(독일) 등을 넣어 연습해 보세요.

02

He wears glasses and a blue shirt.

그는 안경을 쓰고 파란 셔츠를 입어.

예문 쓰기 She wears yellow shoes and a red skirt.

그녀는 노란 신발을 신고 빨간 치마를 입어.

내 문장 쓰기 She _____ and _____.

> wear는 '(옷 등을) 입다'는 의미도 있지만 '(신발 등을) 신다'의 의미도 되고, '(안경 등을) 쓰다'의 뜻도 되어요. 색깔과 물건을 조합해서 문장을 만들어 보세요.

03

He looks so smart.

그는 아주 똑똑해 보여.

예문 쓰기 She looks so young.

그녀는 아주 어려 보여.

내 문장 쓰기 He _____ so _____.

> look을 '~을 보다'라는 뜻으로만 알고 있다면 이번 기회에 하나 더 알아두세요. look은 '~처럼 보이다'라는 뜻으로도 쓰여요. 그러므로 look young(어려 보이다), look clever(똑똑해 보이다), look old(늙어 보이다) 등으로 사용해 보세요.

01 내가 가장 좋아하는 선생님은 제임스야.

'가장 좋아하는'은 favorite이에요.

_____

내가 가장 좋아하는 선생님은 / ~이야 / 제임스

02 그는 영어 선생님이야.

남자면 he, 여자면 she를 써요.

_____

그는 / ~이야 / 영어 선생님

03 그는 영국 출신이야.

어느 나라 출신인지 어떻게 표현했는지 떠올려요.

_____

그는 / ~이야 / 영국 출신

04 그는 안경을 쓰고 파란 셔츠를 입어.

'입다, 신다, 쓰다'의 의미인 동사를 떠올려요.

_____

그는 / 입어 / 안경 / 그리고 / 파란 셔츠를

05 그는 아주 똑똑해 보여.

look은 '~처럼 보이다'로도 쓰여요.

_____

그는 / 보여 / 아주 / 똑똑한

⚠ **Error Check**

STEP 1 의 글과 STEP 3 의 글을 비교해 보세요. 다른 부분이 있다면 메모해 보세요.

내 글쓰기가 고민된다면,
STEP 2 패턴을 참고해서
단어 하나라도 바꿔 보세요~

My Favorite Teacher

선생님 성함을 쓰세요.

My favorite teacher is _____.

_____ is   과목 _____.

_____ is from   나라 _____.

_____ wears   착용 아이템 1 _____.

and   착용 아이템 2 _____.

_____ looks   이미지 묘사 _____.

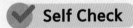
Self Check

선생님 소개라는 목적에 맞는 글을 썼나요?

선생님의 출신 국가, 외모 묘사가 포함되어 있나요?

철자, 문장 부호, 대소문자를 틀리지 않고 썼나요?

이웃 소개에 필요한 표현 배우기

Mr. Gu Is Kind.

구 선생님은 친절해.

01 My good neighbor, Mr. Gu, is kind.

02 He is a very kind doctor in my town.

03 When I am sick, I go to see Dr. Gu.

04 He always says, "Get some rest and go to bed early."

05 Everyone thanks Dr. Gu.

구 선생님은 Mr. Gu라고도 하고, Dr. Gu라고도 부르는구나!

해석 및 정답 ▶ 147쪽

Quiz 위 내용과 일치하면 ○, 아니면 X에 표시하세요.

■ Mr. Gu is a teacher.　　　　　　　　　　　　　o　　　X

■ When I am sick, I go to see Dr. Gu.　　　　　o　　　X

Words

good 좋은　　neighbor 이웃　　Mr. ~씨[님/선생]　　kind 친절한　　doctor 의　　town 마을
when ~할 때　　sick 아픈　　always 항상　　say 이야기하다　　rest 휴식　　thank 감사하다

STEP 2 패턴 연습하기 | 활용하기 좋은 패턴을 익혀 보세요.

01 He is a doctor.
그는 의사야.

예문 쓰기 She is a bus driver. 그녀는 버스 운전사야.

내 문장 쓰기 He is ______________.

firefighter(소방관), police officer(경찰관), bus driver(버스 운전사), dentist(치과의사) 등 다양한 직업을 넣어 문장을 완성해 보세요.

02 He is a very kind doctor in my town.
그는 우리 마을에서 매우 친절한 의사야.

예문 쓰기 They are very kind doctors in my town.
그들은 우리 마을에서 매우 친절한 의사들이야.

내 문장 쓰기 We are ______________ in my town.

He, She, It은 be동사 is를 써요. 주어가 They로 바뀌면, be동사는 are로 바뀌고, a doctor도 doctors로 바뀌어요. 문장 규칙에 맞게 바꿔 쓰는 연습을 많이 해 보세요.

03 Everyone thanks Dr. Gu.
모두들 구 선생님께 감사하고 있어.

예문 쓰기 Everyone thanks Mrs. Kim. 모두들 김 선생님께 감사하고 있어.

내 문장 쓰기 Everyone thanks ______________.

thank는 '감사하다, 고마워하다'라는 뜻으로, 뒤에 고마운 대상을 바로 넣으면 돼요. 참고로 사람을 부르는 호칭도 알아 둘 필요가 있답니다. Mr.는 보통 남성 어른의 성 앞에, Mrs.는 결혼한 여성 어른의 성 앞에 붙여요. Ms.는 여성의 혼인 여부와 상관없이 쓸 수 있어요.

01 나의 좋은 이웃, 구 선생님은 친절해.

'구 선생님'은 Mr. Gu로 표현해요.

_____

나의 좋은 이웃 / 구 선생님은 / ~이야 / 친절한

02 그는 우리 마을에서 매우 친절한 의사야.

'우리 마을에서'는 in my town을 써요.

_____

그는 / ~이야 / 매우 친절한 / 의사 / 우리 마을에서

03 내가 아플 때, 나는 구 선생님을 만나러 가.

'내가 ~할 때'는 When I ~ 구문을 써요.

_____

내가 아플 때 / 나는 / 가 / 구 선생님을 만나러

04 그는 항상 "휴식을 취하고 일찍 자렴."하고 이야기해.

'이야기하다'는 say를 써요.

_____

그는 / 항상 / 이야기해 / 쉬다 / 그리고 / 일찍 잠자리에 들다

05 모두들 구 선생님께 감사하고 있어.

'~에게 감사하다'는 어떻게 표현하는지 떠올려 보세요.

_____

모두들 / 감사하고 있어 / 구 선생님께

⚠️ **Error Check**

STEP 1 의 글과 STEP 3 의 글을 비교해 보세요. 다른 부분이 있다면 메모해 보세요.

내 글쓰기가 고민된다면,
STEP 2 패턴을 참고해서
단어 하나라도 바꿔 보세요~

My Good Neighbor

여러분 주변의
고마운 이웃의 직업을
떠올려 보세요.

My good neighbor, 　이웃 사람+성격 .

　　　　　is a very 　성격+직업

in my town.

When I 　상황 , 　내 행동 .

　　　　　always says, " 　말씀 내용

　　　　　　　　　　　　　　　　　　 "
.

Everyone thanks 　이웃 사람 .

✔ Self Check

▸ 이웃 소개라는 목적에 맞는 글을 썼나요?

▸ 소개할 이웃의 직업과 장점이 포함되어 있나요?

▸ 철자, 문장 부호, 대소문자를 틀리지 않고 썼나요?

UNIT 06

☐ teach

☐ children

☐　　　　　　　~을 돌보다

☐ be good at

☐　　　　　　　요리하다

UNIT 07

☐ sweet

☐ play board games

☐ a　　　　　　　퇴근 후에

☐ d　　　　　　　설거지하다

☐ go to bed

☐ c　　　　　　　부르다

UNIT 08

☐ best friend

☐ tall

☐　　　　　　　날씬한

☐　　　　　　　파란색(의)

☐ eye

☐ long

☐　　　　　　　곱슬머리

☐　　　　　　　무엇보다

☐ personality

UNIT 09

☐ favorite

☐ teacher

☐ E　　　　　　　영국

☐ wear

☐ g　　　　　　　안경

☐ s　　　　　　　셔츠

☐ look

☐ smart

UNIT 10

☐　　　　　　　좋은

☐　　　　　　　이웃

☐ Mr.

☐ kind

☐　　　　　　　의사

☐　　　　　　　마을

☐ when

☐ sick

☐　　　　　　　항상

☐　　　　　　　이야기하다

☐ rest

☐ thank

UNIT 06

대표 문장

1 My mom is a superwoman.
2 She teaches children at school.
3 She is good at cooking.

변형 문장

1 My mom is a morning person.
2 She cleans the house.
3 She is good at washing the dishes.

빈 공간에 한 번씩
따라 쓰면 좋아요!

나의 문장

1

2

3

UNIT 07

대표 문장

1 My dad is so sweet.
2 He plays board games.
3 I call him honey bear.

변형 문장

1 My dad is so friendly.
2 He plays soccer.
3 I call him my hero.

빈 공간에 한 번씩
따라 쓰면 좋아요!

나의 문장

1

2

3

대표 문장

1 I have a best friend.
2 She is tall and slim.
3 She has blue eyes and long curly hair.

변형 문장

1 She has a best friend.
2 I am short and chubby.
3 I have brown eyes and short straight hair.

빈 공간에 한 번씩
따라 쓰면 좋아요!

나의 문장

1
_____

2
_____

3
_____

대표 문장

1 He is from England.
2 He wears glasses and a blue shirt.
3 He looks so smart.

변형 문장

1 She is from the USA.
2 She wears yellow shoes and a red skirt.
3 She looks so young.

빈 공간에 한 번씩
따라 쓰면 좋아요!

나의 문장

1
_____

2
_____

3
_____

대표 문장

1 He is a doctor.

2 He is a very kind doctor in my town.

3 Everyone thanks Dr. Gu.

변형 문장

1 She is a bus driver.

2 They are very kind doctors in my town.

3 Everyone thanks Mrs. Kim.

빈 공간에 한 번씩
따라 쓰면 좋아요!

나의 문장

1

2

3

메모 어려웠던 문장만 모아 다시 써 보세요.

People

Title:

내 이야기를
자유롭게 적어
보세요. 글쓰기에는
정답이 없으니까요.

 스펠링과 문법 확인을 위해 네이버 사전, 파파고 앱이나
그래멀리 웹사이트(grammarly.com)를 이용할 수 있어요.

Topic 3

Day
하루

Unit 11

I Usually Get Up Early.

나는 보통 일찍 일어나.

01 I usually get up early

in the morning.

02 I eat breakfast and then brush my teeth.

03 I often go to school with my friends.

04 I have a piano lesson after school.

05 And then it is already 6 o'clock.

시간을 나타낼 때 쓰는 주어 it에는 뜻이 없대!

해석 및 정답 ▶ 148쪽

QUIZ 위 내용을 잘 읽고, 하루 일과를 순서대로 번호로 써 보세요.

go to school	brush my teeth	eat breakfast	have a piano lesson	get up early

Words

usually 보통   get up 일어나다   early 일찍   eat 먹다   breakfast 아침식사

brush one's teeth 이를 닦다   piano 피아노   lesson 수업   after school 방과 후에   already 벌써

64

01

I usually get up early.　　　　　　　　나는 보통 일찍 일어나.

예문 쓰기 She usually gets up early.　　　그녀는 보통 일찍 일어나.

내 문장 쓰기 _____ usually _____ early.

> usually는 '보통, 대체로'라는 의미로 쓰이는 빈도부사예요. 일반동사 앞에 쓰고 동사의 행동에 대한 빈도, 횟수 등을 나타내요. 주어가 She, He, It일 때는 동사에 -s를 붙여야 하는 것도 놓치지 않도록 주의하세요.

02

I often go to school with my friends.　　나는 자주 친구들과 학교에 가.

예문 쓰기 I always go to school with my friends.

나는 항상 친구들과 학교에 가.

내 문장 쓰기 I _____ go to school with my friends.

> often은 '자주, 흔히'라는 의미로 쓰이는 빈도부사예요. 빈도부사에는 always(항상), usually(보통), often(자주), sometimes(가끔), rarely(거의 ~않다), never(절대 ~않다) 등이 있어요.

03

It is already 6 o'clock.　　　　　　　벌써 6시야.

예문 쓰기 It is already 9 o'clock.　　　　　벌써 9시야.

내 문장 쓰기 It is _____.

> 시간, 날씨, 거리, 명암 등을 나타내는 문장은 It으로 시작해요. 이때 It은 '그것'이라고 해석하지 않고 특별한 뜻이 없기 때문에 '비인칭 주어'라고 불러요.

01 나는 보통 아침에 일찍 일어나.

'보통, 대체로'는 usually를 써요.

_____

나는 / 보통 / 일어나 / 일찍 / 아침에

02 나는 아침을 먹은 다음 양치질을 해.

매일 반복적으로 하는 일은 현재 시제를 써요.

_____

나는 / 먹어 / 아침을 / 그리고 / 다음 / 양치질을 해

03 나는 자주 친구들과 학교에 가.

'자주'는 often을 써요.

_____

나는 / 자주 / 학교에 가 / 친구들과

04 나는 방과 후에 피아노 수업을 받아.

'수업을 받다, 듣다'는 동사 have를 써요.

_____

나는 / 받아 / 피아노 수업을 / 방과 후에

05 그럼 벌써 6시야.

'벌써'는 already를 써요.

_____

그리고 / 다음 / (비인칭 주어) / ~이야 / 벌써 / 6시

⚠ Error Check

STEP 1 의 글과 STEP 3 의 글을 비교해 보세요. 다른 부분이 있다면 메모해 보세요.

내 글쓰기가 고민된다면,
STEP 2 패턴을 참고해서
단어 하나라도 바꿔 보세요~

My Daily Routine

I usually _____ .

I 아침 루틴 1 _____ and then 아침 루틴 2 _____ .

I often 아침 루틴 3 _____ .

I 방과후 루틴 _____ after school.

And then it is 루틴 끝나는 시간 _____ .

내 일과가 보통
몇 시쯤 끝나는지
써 보세요.

✔ **Self Check**

☐☐ 하루 일과 소개라는 목적에 맞는 글을 썼나요?

☐☐ usually 등의 빈도부사를 활용하여 썼나요?

☐☐ 철자, 문장 부호, 대소문자를 틀리지 않고 썼나요?

날씨 소개에 필요한 표현 배우기

Today's Weather Is Sunny.

오늘의 날씨는 화창해.

STEP 1 **따라 쓰기** | 날씨 소개 글을 읽으며 따라 쓰세요.

01 It rained all day yesterday.

02 Because of the weather, I was sad.

03 But today's weather is sunny.

04 It is a great day to play.

05 I will enjoy outdoor

activities with my family.

해석 및 정답 ▶ 148쪽

Quiz 위 내용을 잘 이해했는지 그림으로 그려 보세요.

Yesterday's
Weather
어제의 날씨

Today's
Weather
오늘의 날씨

Words

rain 비가 오다　**all day** 하루 종일　**yesterday** 어제　**because of** ~ 때문에　**weather** 날씨
sunny 화창한　**enjoy** 즐기다　**outdoor** 바깥의　**activity** 활동　**family** 가족

01 It rained **all day yesterday.**   어제는 하루 종일 비가 내렸어.

예문
쓰기   It snowed **all day yesterday.**   어제는 하루 종일 눈이 내렸어.

내 문장
쓰기   _____ all day yesterday.

> 날씨, 거리, 시간, 명암 등을 나타내는 문장은 It으로 시작해요. 이때의 It은 '그것'이라고 해석하지 않으며, 특별히 가리키는 것이 없기 때문에 '비인칭 주어'라고 불러요. 어렵지만 기억해 두면 글쓰기에 도움이 될 거예요.

02 Today's weather is **sunny.**   오늘의 날씨는 화창해.

예문
쓰기   Today's weather is windy.   오늘의 날씨는 바람이 불어.

내 문장
쓰기   Today's weather is _____.

> 날씨를 나타내는 표현은 어떤 것들이 있을까요? sunny(맑은, 화창한), rainy(비 오는), snowy(눈 오는), windy(바람 부는), cloudy(흐린) 등이 있어요.

03 It is a great day **to play.**   놀기에 좋은 날이야.

예문
쓰기   It is a great day to swim.   수영하기에 좋은 날이야.

내 문장
쓰기   It is a great day _____.

> '~하기에'라는 말을 하고 싶다면 동사 앞에 to를 붙여서 활용할 수 있어요. to play(놀기에), to sleep(자기에), to swim(수영하기에), to study(공부하기에) 등을 넣어 보세요.

01 어제는 하루 종일 비가 내렸어.

날씨를 나타내는 문장이니 It으로 시작해요.

(비인칭 주어) / 비가 내렸어 / 하루 종일 / 어제

02 날씨 때문에 나는 슬펐어.

'슬픈'은 sad를 써요.

날씨 때문에 / 나는 / ~했어 / 슬픈

03 하지만 오늘의 날씨는 화창해.

'화창한'은 sunny를 써요.

하지만 / 오늘의 날씨는 / ~이야 / 화창한

04 놀기에 좋은 날이야.

'~하기에'는 동사 앞에 to를 붙여요.

(비인칭 주어) / ~이야 / 좋은 날 / 놀기에

05 나는 우리 가족들이랑 야외 활동을 즐길 거야.

'~랑'은 전치사 with를 써요.

나는 / ~할 거야 / 즐기다 / 야외 활동을 / 우리 가족들이랑

⚠ Error Check

STEP 1 의 글과 STEP 3 의 글을 비교해 보세요. 다른 부분이 있다면 메모해 보세요.

Weather

It _____ yesterday.

> 어제의 날씨를 쓰세요.

Because of the weather,

| 어제의 내 기분 _____ .

> 오늘의 날씨를 쓰세요.

Today's weather is _____ .

It is a great day | 활동 _____ .

I will | 계획 _____ .

✔ **Self Check**

☐ 날씨 소개라는 목적에 맞는 글을 썼나요?

☐ 어제의 날씨와 오늘의 날씨가 모두 포함되어 있나요?

☐ 철자, 문장 부호, 대소문자를 틀리지 않고 썼나요?

Unit 13

숙제 소개에 필요한 표현 배우기

I Have Homework.

나는 숙제가 있어.

따라 쓰기 | 숙제 소개 글을 읽으며 따라 쓰세요.

01 Every day, I have homework.

02 First, I do 2 pages in my math workbook.

03 Second, I practice playing the piano.

04 Third, I write in my diary in English twice a week.

05 I hate homework the most in the world.

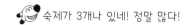
숙제가 3개나 있네! 정말 많다!

해석 및 정답 ▶ 149쪽

Quiz 위 내용을 잘 읽고, 숙제의 순서를 써 보세요.

To do 2 pages
in my math workbook

To practice playing
the piano

To write in my diary
in English

Words

first 첫 번째   page 쪽, 페이지   math 수학   workbook 문제집   second 두 번째
practice 연습하다   diary 일기   twice a week 주 2회   hate 싫어하다

72

01 I do 2 pages in my math workbook.　　　나는 수학 문제집 두 쪽을 풀어.

예문 쓰기　I do 3 pages in my English workbook.

나는 영어 문제집을 세 쪽을 풀어.

내 문장 쓰기　I _____ in my math workbook.

매일 정해진 분량을 하는 숙제를 영어로 표현하기가 막막했다면 이번 기회에 한번 써 볼까요? '2페이지씩 풀다', '숙제를 2페이지씩 하다'라는 표현을 할 때는 동사 do를 써요.

02 Second, I practice playing the piano.

두 번째로, 나는 피아노 연주를 연습해.

예문 쓰기　First, she practices playing the violin.

첫 번째로, 그녀는 바이올린 연주를 연습해.

내 문장 쓰기　_____, he practices playing soccer.

여러 항목을 나열할 때 first(첫 번째), second(두 번째), third(세 번째), fourth(네 번째) 등 순서·번호를 나타내는 표현을 문장 앞에 사용하면 글을 한층 체계적으로 쓸 수 있어요.

03 I write in my diary in English twice a week.

나는 일주일에 두 번 영어로 일기를 써.

예문 쓰기　I jump rope once a week.　　　나는 일주일에 한 번 줄넘기를 해.

내 문장 쓰기　I run _____.

one, two, three와 조금 모양이 다른 once, twice, three times라는 표현이 있어요. 이건 '한 번', '두 번', '세 번' 이렇게 횟수를 나타내는 말이에요. 뒤에 a day가 붙으면 '하루에 ~번', a week가 붙으면 '일주일에 ~번'이라는 표현이 돼요.

01 매일 나는 숙제가 있어.   '숙제가 있어'를 영어로는 '숙제를 가지고 있어'로 표현해요.

_____

매일 / 나는 / (가지고) 있어 / 숙제를

02 첫 번째로, 나는 수학 문제집 두 쪽을 풀어.   2장 이상이면 page에 -s를 붙여요.

_____

첫 번째로, / 나는 / 해 / 두 쪽을 / 내 수학 문제집에서

03 두 번째로, 나는 피아노 연주를 연습해.   First, Second처럼 순서 쓰는 것을 기억해요.

_____

두 번째로, / 나는 / 연습해 / 피아노 치는 것을

04 세 번째로, 나는 일주일에 두 번 영어로 일기를 써.   '일주일에 두 번'은 twice a week를 써요.

_____

세 번째로, / 나는 / 써 / 일기를 / 영어로 / 일주일에 두 번

05 나는 세상에서 숙제가 제일 싫어.   '~이 싫다'는 동사 hate를 써요.

_____

나는 / 싫어 / 숙제가 / 제일 / 세상에서

⚠️ **Error Check**

STEP 1의 글과 **STEP 3**의 글을 비교해 보세요. 다른 부분이 있다면 메모해 보세요.

My Homework

Every day, .

First, 숙제 1 .

Second, 숙제 2 .

Third, 숙제 3 .

일주일에 몇 번인지
횟수를 포함시켜서
써 봐요.

.

.

✔ **Self Check**

숙제 소개라는 주제에 맞는 글을 썼나요?

첫째, 둘째 등 순서를 나타내는 표현이 포함되어 있나요?

철자, 문장 부호, 대소문자를 틀리지 않고 썼나요?

Unit 14

집안일 돕기에 필요한 표현 배우기

Everyone Cleaned Up.

모두가 청소했어.

01 Today, everyone in my family cleaned up together.

02 I was in charge of washing the dishes.

03 My dad was in charge of recycling.

04 My little brother helped my dad.

05 My mom cooked for us.

해석 및 정답 ▶ 149쪽

Quiz 위 내용을 잘 읽고, 각각 누가 한 일인지 연결하세요.

I	Mom	Dad and little brother
washing the dishes	recycling	cooking

Words

clean up 청소하다   be in charge of ~을 담당하다, ~의 책임을 지다   wash the dishes 설거지하다
recycle 재활용하다

76

01 I was in charge of washing the dishes. 나는 설거지를 담당했어.

예문쓰기 I was in charge of cleaning my room.

나는 내 방 청소를 담당했어.

내 문장쓰기 I was in charge of _____.

🐕 집안일은 영어로 어떻게 표현할까요? washing the dishes(설거지 하기), vacuuming(청소기를 돌리기), recycling (재활용하기), mopping(걸레질하기) 등이 있어요. 평소에 하는 집안일을 골라 문장을 완성해 보세요.

02 My dad was in charge of recycling. 우리 아빠는 재활용을 담당했어.

예문쓰기 They were in charge of recycling.

그들은 재활용을 담당했어.

내 문장쓰기 She _____ cleaning.

🐕 be in charge of는 '어떤 일을 담당하다, 책임지다'라는 뜻이에요. be동사는 주어에 맞게 바꾸어 써요. 현재형은 I am, You/We/They are, He/She/It is, 과거형은 I/He/She/It was, You/We/They were로 써야 해요.

03 My little brother helped my dad. 우리 남동생은 우리 아빠를 도왔어.

예문쓰기 My little sister helped my mom.

우리 여동생은 우리 엄마를 도왔어.

내 문장쓰기 My little sister _____.

🐕 일반동사의 과거형은 보통 -ed를 붙여 만들어요. 과거형은 주어가 바뀌어도 형태가 똑같다는 사실을 기억해요.

01 오늘 우리 가족 모두가 함께 청소를 했어.

'함께, 같이'는 together를 써요.

오늘 / 우리 가족 모두가 / 청소를 했어 / 함께

02 나는 설거지를 담당했어.

'~을 담당하다'는 be in charge of예요.

나는 / ~을 담당했어 / 설거지

03 우리 아빠는 재활용을 담당했어.

'재활용'은 recycling이에요.

우리 아빠는 / ~을 담당했어 / 재활용

04 우리 남동생은 우리 아빠를 도왔어.

과거형은 동사에 -ed를 붙여요.

우리 남동생은 / 도왔어 / 우리 아빠를

05 우리 엄마는 우리를 위해 요리를 했어.

'~를 위해서'는 전치사 for를 써요.

우리 엄마는 / 요리했어 / 우리를 위해

⚠️ **Error Check**

STEP **1** 의 글과 STEP **3** 의 글을 비교해 보세요. 다른 부분이 있다면 메모해 보세요.

Things to Do at Home

Today, everyone in my family _____

_____ .

각자 맡은
집안일을 써 봐요.

I was in charge of _____집안일 1_____ .

___가족 구성원 1___ was in charge of ___집안일 2___ .

___가족 구성원 2___ helped _____ .

___가족 구성원 3___ _____ .

✔ **Self Check**

☐ 집안일 돕기라는 목적에 맞는 글을 썼나요?

☐ 각자 구성원의 맡은 일 등이 포함되어 있나요?

☐ 철자, 문장 부호, 대소문자를 틀리지 않고 썼나요?

Unit 15

저녁 일과 소개에 필요한 표현 배우기

I Was Ready for Bed.

나는 잘 준비가 됐어.

01 My dad came home early today.

02 Thanks to my dad, we had an early dinner.

03 After dinner, I washed my face and applied some lotion.

04 My dad read a storybook to us.

05 I was ready for bed.

해석 및 정답 ▶ 150쪽

Quiz 다음 중 아빠가 집에 온 후, 내가 한 활동으로 알맞은 것에 ○하세요.

read a newspaper	have dinner	play basketball
apply some lotion	listen to music	wash my face

Words

thanks to ~ 덕분에   dinner 저녁 식사   apply 바르다   lotion 로션
storybook 이야기책, 동화책   be ready for ~할 준비가 되다

80

01 Thanks to my dad, we had an early dinner.

우리 아빠 덕분에, 우리는 이른 저녁 식사를 했어.

예문 쓰기 Thanks to my mom, we enjoyed our meal.

우리 엄마 덕분에, 우리는 식사를 맛있게 했어.

내 문장 쓰기 Thanks to _____, _____.

'누구 덕분에'는 'thanks to+사람'으로 표현해요. enjoy one's meal(식사를 맛있게 하다), finish one's homework early(숙제를 빨리 끝내다), win the game(게임에서 이기다) 등의 표현을 활용해 감사의 이유를 적어 보세요.

02 After dinner, I washed my face.   저녁 식사 후에, 나는 세수를 했어.

예문 쓰기 After dinner, I took a shower.   저녁 식사 후에, 나는 샤워를 했어.

내 문장 쓰기 After dinner, I _____.

여러분은 저녁 식사 후에 뭘 하나요? 저녁 식사 후에 어떤 일을 하는지 문장으로 표현해 보세요. take a shower(샤워하다), watch TV(TV를 보다), do one's homework(숙제를 하다) 등의 예시를 활용해 보세요.

03 I was ready for bed.   나는 잘 준비가 됐어.

예문 쓰기 I was ready for the exam.   나는 시험 칠 준비가 됐어.

내 문장 쓰기 I was ready for _____.

be ready for는 '~할 준비가 되다'라는 뜻의 표현이에요. for 다음에는 bed(침대), the exam(시험), dinner(저녁식사) 등 명사를 써요.

01 우리 아빠는 오늘 일찍 집에 왔어.

come의 과거형은 came이에요.

우리 아빠는 / 왔어 / 집에 / 일찍 / 오늘

02 우리 아빠 덕분에, 우리는 일찍 저녁 식사를 했어.

'~ 덕분에'는 thanks to로 표현해요.

덕분에 / 우리 아빠 / 우리는 / 먹었어 / 일찍 저녁 식사를

03 저녁 식사 후에, 나는 세수를 하고 로션을 발랐어.

apply의 과거형은 applied예요.

저녁 식사 후에, / 나는 / 세수를 했어 / 그리고 / 발랐어 / 약간의 로션을

04 우리 아빠는 우리에게 동화책을 읽어줬어.

read의 과거형은 read예요.

우리 아빠는 / 읽어줬어 / 동화책을 / 우리에게

05 나는 잘 준비가 됐어.

be ready for는 '~할 준비가 되다'예요.

나는 / ~할 준비가 됐어 / 자다

⚠ **Error Check**

STEP 1 의 글과 STEP 3 의 글을 비교해 보세요. 다른 부분이 있다면 메모해 보세요.

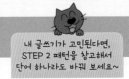

내 글쓰기가 고민된다면, STEP 2 패턴을 참고해서 단어 하나라도 바꿔 보세요~

Time for Bed

누가 집에 일찍 왔나요?

came home early today.

Thanks to 고마운 사람 , 행동

.

After dinner, I 내 행동 1

and 내 행동 2 .

저녁 루틴 .

.

 Self Check

저녁 일과 소개라는 목적에 맞는 글을 썼나요?

저녁 식사부터 잠들기 전까지 하는 행동들이 포함되어 있나요?

철자, 문장 부호, 대소문자를 틀리지 않고 썼나요?

UNIT 11

- [ ] usually
- [ ] get up
- [ ]   일찍
- [ ]   먹다
- [ ] breakfast
- [ ] brush one's teeth
- [ ]   피아노
- [ ]   수업
- [ ] after school
- [ ]   벌써

UNIT 12

- [ ] rain
- [ ] all day
- [ ] y   어제
- [ ] b   ~때문에
- [ ] weather
- [ ] sunny
- [ ] e   즐기다
- [ ] o   바깥의
- [ ] activity
- [ ] family

UNIT 13

- [ ] first
- [ ] page
- [ ]   수학
- [ ]   문제집
- [ ] second
- [ ] practice
- [ ]   일기
- [ ]   주 2회
- [ ] hate

UNIT 14

- [ ] clean up
- [ ] b   ~을 담당하다, ~의 책임을 지다
- [ ] w   설거지하다
- [ ] recycle

UNIT 15

- [ ]   ~덕분에
- [ ] dinner
- [ ] apply
- [ ]   로션
- [ ] storybook
- [ ]   ~할 준비가 되다

84

문장 SENTENCES 스트레칭 패턴 문장을 참고해 나의 문장을 써 봐요.

UNIT 11

대표 문장

1 I usually get up early.
2 I often go to school with my friends.
3 It is already 6 o'clock.

변형 문장

1 She usually gets up early.
2 I always go to school with my friends.
3 It is already 9 o'clock.

빈 공간에 한 번씩
따라 쓰면 좋아요!

나의 문장

1
_____

2
_____

3
_____

UNIT 12

대표 문장

1 It rained all day yesterday.
2 Today's weather is sunny.
3 It is a great day to play.

변형 문장

1 It snowed all day yesterday.
2 Today's weather is windy.
3 It is a great day to swim.

빈 공간에 한 번씩
따라 쓰면 좋아요!

나의 문장

1
_____

2
_____

3
_____

대표 문장

1 I do 2 pages in my math workbook.
2 Second, I practice playing the piano.
3 I write in my diary in English twice a week.

변형 문장

1 I do 3 pages in my English workbook.
2 First, she practices playing the violin.
3 I jump rope once a week.

빈 공간에 한 번씩
따라 쓰면 좋아요!

나의 문장

1
_____

2
_____

3
_____

대표 문장

1 I was in charge of washing the dishes.
2 My dad was in charge of recycling.
3 My little brother helped my dad.

변형 문장

1 I was in charge of cleaning my room.
2 They were in charge of recycling.
3 My little sister helped my mom.

빈 공간에 한 번씩
따라 쓰면 좋아요!

나의 문장

1
_____

2
_____

3
_____

1 Thanks to my dad, we had an early dinner.
2 After dinner, I washed my face.
3 I was ready for bed.

1 Thanks to my mom, we enjoyed our meal.
2 After dinner, I took a shower.
3 I was ready for the exam.

빈 공간에 한 번씩
따라 쓰면 좋아요!

1
_____

2
_____

3
_____

어려웠던 문장만 모아 다시 써 보세요.
_____
_____
_____
_____
_____
_____
_____

Day

Title:

내 이야기를
자유롭게 적어
보세요. 글쓰기에는
정답이 없으니까요.

＊ 스펠링과 문법 확인을 위해 네이버 사전, 파파고 앱이나
그래멀리 웹사이트(grammarly.com)를 이용할 수 있어요.

Topic 4

School

학교

Unit 16

학교 생활 소개에 필요한 표현 배우기

I Go to Elementary School.

나는 초등학교에 다녀.

01 I go to Hana Elementary School.

02 I am in the 3rd grade.

03 Today, I have 5 classes.

04 Computer class is

one of my 5 classes.

05 It is very popular with students.

'하나초등학교' 같은 학교 이름은 대문자로 써야 하네!

해석 및 정답 ▶ 151쪽

Quiz 위 내용을 잘 이해했는지 빈칸을 채워 보세요.

School Name 학교 이름	Grade 학년	How many classes today? 오늘은 몇 교시인가?

Words

elementary school 초등학교   3rd(= third) 세 번째(의)   grade 학년   class 반, 수업, 교시
computer 컴퓨터   popular 인기 있는   with ~에게   student 학생

I go to Hana Elementary School.　　　나는 하나초등학교에 다녀.

예문 쓰기　I go to Daehan Elementary School.

나는 대한초등학교에 다녀.

내 문장 쓰기　I go to _____.

> go to는 '~에 가다'라는 뜻이지만 뒤에 학교 이름이 붙으면 '그 학교를 매일 가다'니까 '그 학교에 다니다'의 뜻으로 쓸 수 있어요. 여러분이 다니는 학교의 이름을 넣어 문장을 완성해 보세요.

02　**I am in the 3rd grade.**　　　나는 3학년이야.

예문 쓰기　I am in the 5th grade.　　　나는 5학년이야.

내 문장 쓰기　I am _____.

> 학년은 '서수+grade'를 써요. first(1st, 첫 번째), second(2nd, 두 번째), third(3rd, 세 번째), fourth(4th, 네 번째), fifth(5th, 다섯 번째), sixth(6th, 여섯 번째) 중에서 골라 쓰면 돼요. 자신의 학년을 써 보세요.

03　**Computer class is one of my 5 classes.**　컴퓨터 수업은 5교시 중 하나야.

예문 쓰기　Math class **is one of my 5 classes.**

수학 수업은 5교시 중 하나야.

내 문장 쓰기　_____ is one of my 5 classes.

> 'A가 B 중에 하나이다'는 A is one of B라고 표현할 수 있어요. 여러분의 학교 시간표를 보고 오늘 몇 교시가 있고, 또 어떤 과목이 들었는지 적어 보세요.

01 나는 하나초등학교에 다녀.

매일 가는 것은 '다닌다'고 해석할 수 있어요.

_____

나는 / 다녀 / 하나초등학교에

02 나는 3학년이야.

학년은 서수로 써요.

_____

나는 / ~이야 / 3학년

03 오늘 나는 5교시가 있어.

'교시'는 영어로 class라고 써요.

_____

오늘 / 나는 / 있어 / 5교시

04 컴퓨터 수업은 5교시 중 하나야.

A is one of B를 활용해요.

_____

컴퓨터 수업은 / ~이야 / 하나 / 나의 5교시 중

05 그것은 학생들에게 아주 인기 있어.

'인기 있는'은 popular를 써요.

_____

그것은 / ~이야 / 아주 / 인기 있는 / 학생들에게

⚠ Error Check

STEP 1 의 글과 STEP 3 의 글을 비교해 보세요. 다른 부분이 있다면 메모해 보세요.

내 글쓰기가 고민된다면,
STEP 2 패턴을 참고해서
단어 하나라도 바꿔 보세요~

My School

내가 다니는 학교의
이름을 쓰세요.

I go to _____ .

I am   학년
_____ .

Today, 오늘 시간표
_____ .

오늘 시간표 중 한 과목
_____ .

It is   과목 특징
_____ .

 Self Check

학교 생활 소개라는 목적에 맞는 글을 썼나요?

실제로 다니는 학교의 이름, 학년, 수업이 포함되어 있나요?

철자, 문장 부호, 대소문자를 틀리지 않고 썼나요?

좋아하는 과목 소개에 필요한 표현 배우기
My Favorite Subject Is P.E.
내가 가장 좋아하는 과목은 체육이야.

01 My favorite subject is P.E.

02 Because I like to exercise with my friends.

03 I can play soccer in P.E. class.

04 I can jump rope in P.E. class.

05 I want to have P.E. every day.

해석 및 정답 ▶ 151쪽

QUIZ 위 내용에 소개된 체육 시간에 할 수 있는 활동으로 알맞은 것에 ○하세요.

basketball	baseball	jogging	soccer
jump rope	taekwondo	running	badminton

Words

subject 과목   **P.E.** 체육(= physical education)   **exercise** 운동하다   **soccer** 축구
jump rope 줄넘기하다   **want** 원하다

01 My favorite subject is P.E.   내가 가장 좋아하는 과목은 체육이야.

예문
쓰기   My favorite subject is English.   내가 가장 좋아하는 과목은 영어야.

내 문장
쓰기   My favorite subject is _____.

학교에서 배우는 과목 중 어떤 과목을 가장 좋아하나요? Korean(국어), English(영어), math(수학), science(과학), social studies(사회), music(음악), art(미술) 등의 과목 중에서 가장 좋아하는 과목을 골라 써 보세요.

02 I can jump rope in P.E. class.   나는 체육 시간에 줄넘기를 할 수 있어.

예문
쓰기   He can sing in music class.   그는 음악 시간에 노래를 부를 수 있어.

내 문장
쓰기   He _____ in art class.

can은 '~할 수 있다'라는 뜻의 조동사예요. She, He, It이 주어여도 can 뒤에 나오는 동사에는 -s를 붙이지 않아요. 주어를 He로 바꾸어 문장을 써 보세요.

03 I want to have P.E. every day.   나는 매일 체육을 하고 싶어.

예문
쓰기   I want to have English every day. 나는 매일 영어를 하고 싶어.

내 문장
쓰기   I want to _____ every day.

want to는 '~하고 싶다'란 뜻의 표현이에요. 여러분이 하고 싶은 것을 want to를 써서 문장으로 표현해 보세요.

01 내가 가장 좋아하는 과목은 체육이야.

'체육'은 영어로 P.E.예요.

내가 가장 좋아하는 과목은 / ~이야 / 체육

02 왜냐하면 나는 친구들이랑 운동하는 걸 좋아하기 때문이야.

'운동하다'는 exercise라고 써요.

왜냐하면 / 나는 / 좋아해 / 운동하는 걸 / 친구들이랑

03 나는 체육 시간에 축구를 할 수 있어.

'~할 수 있다'는 can을 썼던 거 기억하나요?

나는 / 할 수 있어 / 축구하다 / 체육 시간에

04 나는 체육 시간에 줄넘기를 할 수 있어.

'줄넘기(하다)'는 영어로 jump rope예요.

나는 / 할 수 있어 / 줄넘기하다 / 체육 시간에

05 나는 매일 체육을 하고 싶어.

'~하고 싶다'는 want to라는 표현을 써요.

나는 / 하고 싶어 / 하다 / 체육을 / 매일

⚠️ Error Check

STEP 1 의 글과 STEP 3 의 글을 비교해 보세요. 다른 부분이 있다면 메모해 보세요.

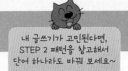

내 글쓰기가 고민된다면,
STEP 2 패턴을 참고해서
단어 하나라도 바꿔 보세요~

My Favorite Subject

가장 좋아하는
과목명을 써요.

My favorite subject is   .

Because I like   이유   .

I can   과목에서 하는 활동 1

in   class.

I can   과목에서 하는 활동 2

in   class.

I want to   소망   .

✔ Self Check

좋아하는 과목 소개라는 목적에 맞는 글을 썼나요?

좋아하는 과목과 이유가 포함되어 있나요?

철자, 문장 부호, 대소문자를 틀리지 않고 썼나요?

반장 선거 경험 소개에 필요한 표현 배우기

I Became the Class President.

나는 반장이 되었어.

STEP 1 **따라 쓰기** | 반장 선거 경험 소개 글을 읽으며 따라 쓰세요.

01 The last time, I lost the election.

02 This time, I wanted to be

the class president.

03 So I did my best to give

a good speech.

04 I was so nervous but made it.

05 Finally, I became the class president.

해석 및 정답 ▶ 152쪽

Quiz 위 내용을 잘 이해했는지 빈칸을 채워 보세요.

The Last Time 지난번	This Time 이번
I _____ the election.	I _____ the class president.

Words

election 선거   **class president** 반장   **do one's best** 최선을 다하다   **give a speech** 연설하다
nervous 긴장한   **make it** 해내다   **finally** 마침내, 결국   **became** (become의 과거형) ~이 되었다

01 The last time, I lost the election.

지난번에 난 선거에서 떨어졌어.

예문 쓰기 The last time, I won the election.

지난번에 난 선거에서 이겼어.

내 문장 쓰기 The last time, I ______________________________.

'선거'는 영어로 election이라고 해요. 선거에서 떨어지는 건 lose, 이기는 건 win을 써서 표현할 수 있어요. 여러분은 선거에서 어땠나요?

02 I wanted to be the class president.

나는 반장이 되고 싶었어.

예문 쓰기 I wanted to be the leader of the team.

나는 팀의 리더가 되고 싶었어.

내 문장 쓰기 I wanted to be ______________________________.

'반장'은 class president라고 표현할 수 있어요. 여러분은 되고 싶었던(wanted to be로 과거임) 무언가가 있나요? 되고 싶었던 것을 떠올려 문장을 완성해 보세요.

03 Finally, I became the class president.

마침내 나는 반장이 되었어.

예문 쓰기 Finally, he became a star.

마침내 그는 스타가 되었어.

내 문장 쓰기 Finally, you became ______________________________.

과거의 도전과 실패, 현재의 재도전으로 마침내 원하는 것을 이루었을 때 finally라는 표현을 써요. 그리고 과거시제는 주어가 바뀌어도 became은 그대로 쓴다는 걸 기억하고 문장을 만들어 보세요.

01 지난번에 난 선거에서 떨어졌어.

'선거'는 election이라고 해요.

지난번에 / 난 / 떨어졌어 / 선거

02 이번에 나는 반장이 되고 싶었어.

'반장'은 class president라고 해요.

이번에 / 나는 / 원했어 / 되기를 / 반장이

03 그래서 나는 좋은 연설을 하기 위해 최선을 다했어.

'연설하다'는 give a speech라고 해요.

그래서 / 나는 / 최선을 다했어 / 좋은 연설을 하기 위해

04 나는 매우 긴장했지만 해냈어.

'긴장한'은 nervous라고 해요.

나는 / ~이었어 / 매우 / 긴장한 / 그러나 / 해냈어

05 마침내 나는 반장이 되었어.

finally를 쓰면 '마침내'라는 뜻이 돼요.

마침내 / 나는 / 되었어 / 반장이

⚠️ **Error Check**

STEP 1 의 글과 STEP 3 의 글을 비교해 보세요. 다른 부분이 있다면 메모해 보세요.

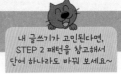

Class President

과거와 현재를
비교해서 써 보세요.

The last time, 과거 _____ .

This time, 현재 _____ .

_____ .

So I 노력 _____ .

I was 감정 _____ .

Finally, 결과 _____ .

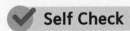 **Self Check**

반장 선거 경험 소개라는 목적에 맞는 글을 썼나요?

선거를 준비하면서 겪은 감정이 잘 드러나 있나요?

철자, 문장 부호, 대소문자를 틀리지 않고 썼나요?

현장 체험 학습 경험 소개에 필요한 표현 배우기

Today Is My Field Trip Day.

오늘은 나의 현장 체험 학습날이야.

STEP 1 **따라 쓰기** | 현장 체험 학습 경험 소개 글을 읽으며 따라 쓰세요.

01 Today Is my field trip day.

02 I went to the folk village in Gyeonggi-do.

03 It is famous for its traditional buildings.

04 I learned many things and played with my friends.

05 The field trip was very fun.

해석 및 정답 ▶ 152쪽

Quiz 위 글을 읽고, 다음 문장에서 알맞은 것을 골라 보세요.

■ I went to   the zoo   the folk village   in Gyeonggi-do.

■ It is famous for its   traditional buildings   flowers   .

Words

field trip 현장 체험 학습   **went** (go의 과거형) 갔다   **folk village** 민속촌   **be famous for** ~으로 유명하다
traditional 전통적인   **building** 건물   **learn** 배우다   **thing** (어떤) 것   **fun** 즐거운, 재미있는

01 Today is my field trip day.

오늘은 나의 현장 체험 학습날이야.

예문 쓰기 Yesterday was my field trip day.

어제는 나의 현장 체험 학습날이었어.

내 문장 쓰기 _____ my field trip day.

 시제에 대한 연습도 잊으면 안돼요. today(오늘)는 현재시제이므로 be동사 is를 써야 하지만 yesterday(어제), last week(지난주)는 과거시제인 was를, tomorrow(내일)는 미래시제인 will be를 써야 해요.

02 I went to the folk village in Gyeonggi-do.

나는 경기도에 있는 민속촌에 갔어.

예문 쓰기 I went to Lotte World in Seoul.

나는 서울에 있는 롯데월드에 갔어.

내 문장 쓰기 I went to _____.

 여러분은 현장 체험 학습을 가 본 경험이 있나요? 기억을 더듬어 장소 이름과 장소가 있었던 지역을 함께 써 보세요. 시나 도인 경우 in Seoul, in Busan, in Incheon, in Jeju처럼 장소 앞에 전치사 in을 써요.

03 It is famous for its traditional buildings.

그곳은 전통적인 건물들로 유명해.

예문 쓰기 It is famous for its huge size.

그곳은 거대한 크기로 유명해.

내 문장 쓰기 It is famous for its _____.

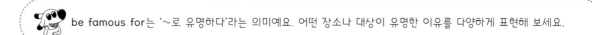 be famous for는 '~로 유명하다'라는 의미예요. 어떤 장소나 대상이 유명한 이유를 다양하게 표현해 보세요.

01

오늘은 나의 현장 체험 학습날이야.

'현장 체험 학습'은 field trip이에요.

_____

오늘은 / ~이야 / 나의 / 현장 체험 학습날

02

나는 경기도에 있는 민속촌에 갔어.

'민속촌'은 영어로 folk village예요.

_____

나는 / 갔어 / 민속촌에 / 경기도에 있는

03

그곳은 전통적인 건물들로 유명해.

'전통적인 건물들'은 traditional building예요.

_____

그곳은 / ~로 유명해 / 전통적인 건물들

04

나는 많은 것들을 배웠고 친구들과 놀았어.

learn의 과거형은 learned예요.

_____

나는 / 배웠어 / 많은 것들을 / 그리고 / 친구들과 놀았어

05

현장 체험 학습은 매우 재미있었어.

'재미있는'은 fun으로 표현해요.

_____

현장 체험 학습은 / ~이었어 / 매우 / 재미있는

⚠ Error Check

STEP 1 의 글과 STEP 3 의 글을 비교해 보세요. 다른 부분이 있다면 메모해 보세요.

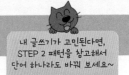

A Fun, Fun Field Trip

오늘이 현장 체험
학습날이라고
생각하고 써 보세요.

Today is _____ .

I went to   장소
_____ .

It is famous for   유명한 것
_____ .

체험 내용
_____ .

The field trip was   느낌
_____ .

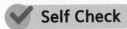

Self Check

현장 체험 학습 경험 소개라는 목적에 맞는 글을 썼나요?

현장 체험 학습 장소, 느낌이 포함되어 있나요?

철자, 문장 부호, 대소문자를 틀리지 않고 썼나요?

학교에 결석한 경험 소개에 필요한 표현 배우기

I Missed School.

나는 학교에 결석했어.

01 I had the flu.

02 I had a fever and a sore throat.

03 So I missed school.

04 I couldn't go to school

for a few days.

05 I took some medicine and stayed

at home.

해석 및 정답 ▶ 153쪽

Quiz 글쓴이는 독감의 어떤 증상 때문에 학교에 결석했는지 알맞은 것에 ○해 보세요.

runny nose	fever	stuffy nose	sore throat
headache	stomachache	cough	weakness

Words

flu 독감   fever 열   sore 아픈   throat 목   miss 빠지다, 놓치다
couldn't (can't의 과거형) ~할 수 없었다   for a few days 며칠 동안   take medicine 약을 먹다

106

01

I had the flu.

나는 독감에 걸렸어.

예문 쓰기 **I had** a cold.

나는 감기에 걸렸어.

내 문장 쓰기 I had _____.

🐶 '병에 걸리다'는 동사 have를 써서 have a cold(감기에 걸리다), have an upset stomach(배탈이 나다) 등으로 표현할 수 있어요. have의 과거형인 had를 써서 과거 아팠던 것에 대해서 적어 보세요.

02

I had a fever and a sore throat.

나는 열이 나고 목이 아팠어.

예문 쓰기 **She had** a runny nose **and** a cough.

그녀는 콧물이 나고 기침이 났어.

내 문장 쓰기 He had _____ and _____.

🐶 have 동사는 증상을 표현할 때도 사용해요. fever(열), sore throat(목 아픔), runny nose(콧물), cough(기침) 등의 증상을 넣어 표현해 보세요. 3인칭 단수 주어가 오면 has, 과거형은 had로 써요.

03

I couldn't go to school.

나는 학교에 갈 수 없었어.

예문 쓰기 I couldn't **go on a field trip.**

나는 현장 체험 학습에 갈 수 없었어.

내 문장 쓰기 I couldn't _____.

🐶 현재 어떤 것을 '할 수 없다'고 할 때는 can't를 쓰고, 과거에 어떤 것을 '할 수 없다'고 할 때는 couldn't를 써요.

01 나는 독감에 걸렸어.

'독감'은 flu를 써요.

_____

나는 / 걸렸어 / 독감에

02 나는 열이 나고 목이 아팠어.

증상을 표현할 때는 동사 have를 써요.

_____

나는 / (증상)이 있었어 / 열 / 그리고 / 목 아픔

03 그래서 나는 학교를 빠졌어.

'결석하다'는 miss를 써요.

_____

그래서 / 나는 / 빠졌어 / 학교를

04 나는 며칠 동안 학교에 갈 수 없었어.

'갈 수 없었다'는 표현은 couldn't go를 써요.

_____

나는 / 할 수 없었어 / 가다 / 학교에 / 며칠 동안

05 나는 약을 먹었고 집에 머물렀어.

'약을 먹다'는 take medicine을 써요.

_____

나는 / 먹었어 / 약간의 약을 / 그리고 / 머물렀어 / 집에

⚠️ **Error Check**

STEP 1 의 글과 STEP 3 의 글을 비교해 보세요. 다른 부분이 있다면 메모해 보세요.

Absence from School

I had _____. ◀ 병명을 써요.

I had _____. ◀ 증상을 써요.

So I 결과 _____.

I couldn't 할 수 없었던 일 _____.

그 뒤의 행동 _____.

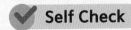

Self Check

☐☐ 학교에 결석한 경험 소개라는 목적에 맞는 글을 썼나요?

☐☐ 결석한 이유가 포함되어 있나요?

☐☐ 철자, 문장 부호, 대소문자를 틀리지 않고 썼나요?

WORDS 단어 모으기 Units 16~20 단어를 다시 써 보며 확인해요.

UNIT 16		
☐	elementary school	
☐	3rd	
☐		학년
☐		수업, 교시
☐	computer	
☐		인기 있는
☐	with	
☐		학생

UNIT 17		
☐	subject	
☐	P.E.	
☐	e	운동하다
☐	s	축구
☐	jump rope	
☐	want	

UNIT 18		
☐		선거
☐		반장
☐	do one's best	
☐		연설하다
☐	nervous	
☐		해내다

UNIT 18		
☐	finally	
☐		~이 되었다

UNIT 19		
☐	field trip	
☐	went	
☐	f	민속촌
☐	b	~으로 유명하다
☐	traditional	
☐	building	
☐	l	배우다
☐	thing	
☐	fun	

UNIT 20		
☐		독감
☐		열
☐	sore	
☐	throat	
☐	miss	
☐		~할 수 없었다
☐	for a few days	
☐	take medicine	

110

UNIT 16

대표 문장

1 I go to Hana Elementary School.
2 I am in the 3rd grade.
3 Computer class is one of my 5 classes.

변형 문장

1 I go to Daehan Elementary School.
2 I am in the 5th grade.
3 Math class is one of my 5 classes.

빈 공간에 한 번씩
따라 쓰면 좋아요!

나의 문장

1

2

3

UNIT 17

대표 문장

1 My favorite subject is P.E.
2 I can jump rope in P.E. class.
3 I want to have P.E. every day.

변형 문장

1 My favorite subject is English.
2 He can sing in music class.
3 I want to have English every day.

빈 공간에 한 번씩
따라 쓰면 좋아요!

나의 문장

1

2

3

대표 문장

1 The last time, I lost the election.
2 I wanted to be the class president.
3 Finally, I became the class president.

변형 문장

1 The last time, I won the election.
2 I wanted to be the leader of the team.
3 Finally, he became a star.

빈 공간에 한 번씩
따라 쓰면 좋아요!

나의 문장

1 _____

2 _____

3 _____

대표 문장

1 Today is my field trip day.
2 I went to the folk village in Gyeonggi-do.
3 It is famous for its traditional buildings.

변형 문장

1 Yesterday was my field trip day.
2 I went to Lotte World in Seoul.
3 It is famous for its huge size.

빈 공간에 한 번씩
따라 쓰면 좋아요!

나의 문장

1 _____

2 _____

3 _____

1 I had the flu.

2 I had a fever and a sore throat.

3 I couldn't go to school.

1 I had a cold.

2 She had a runny nose and a cough.

3 I couldn't go on a field trip.

빈 공간에 한 번씩
따라 쓰면 좋아요!

1 _____

2 _____

3 _____

메모 어려웠던 문장만 모아 다시 써 보세요.

_____

_____

_____

_____

_____

_____

Topic 4 School

Title:

내 이야기를
자유롭게 적어
보세요. 글쓰기에는
정답이 없으니까요.

 스펠링과 문법 확인을 위해 네이버 사전, 파파고 앱이나
그래멀리 웹사이트(grammarly.com)를 이용할 수 있어요.

Topic 5

Place

장소

우리 집 소개에 필요한 표현 배우기

My Home Is on the 10th Floor.

우리 집은 10층이야.

STEP 1 | **따라 쓰기** | 우리 집 소개 글을 읽으며 따라 쓰세요.

01 I live in an apartment.

02 My home is on the 10th floor.

03 There is a kitchen in my home.

04 There are two bedrooms in my home.

05 There are many playgrounds near my apartment.

해석 및 정답 ▶ 154쪽

QUIZ 위 글을 읽고, 다음 문장에서 알맞은 것을 골라 보세요.

■ I live in an apartment on the   5th floor   10th floor   .

■ There are   one bedroom   two bedrooms   in my home.

Words

live 살다	apartment 아파트	home 집	10th floor 10층	there is/are ~이 있다
kitchen 부엌	bedroom 침실	playground 놀이터	near 근처에	

116

STEP 2 패턴 연습하기 | 활용하기 좋은 패턴을 익혀 보세요.

01 I live in an apartment. 나는 아파트에 살아.

예문 쓰기 I live in a villa. 나는 빌라에 살아.

내 문장 쓰기 I live in ______________________.

'~에 살다'는 live in을 써요. 우리 집의 주거 형태가 어떤지 써 보아요. apartment(아파트), villa(빌라), country house(전원주택), townhouse(연립주택) 등의 형태가 있을 수 있어요.

02 There is a kitchen in my home. 우리 집에는 부엌이 한 개 있어.

예문 쓰기 There is a bathroom in my home. 우리 집에는 화장실이 한 개 있어.

내 문장 쓰기 There is ______________________ in my home.

There is는 '~이 있다'라는 뜻이에요. be동사를 is로 쓸 때는 뒤에 오는 명사가 단수(하나)일 때예요. 여러분 집에 하나인 것이 무엇이 있나요? bathroom(화장실), living room(거실) 등을 떠올려 보세요.

03 There are many playgrounds near my apartment. 우리 아파트 근처에 많은 놀이터가 있어.

예문 쓰기 There are two banks near my apartment. 우리 아파트 근처에 은행이 두 개 있어.

내 문장 쓰기 There are ______________ near my apartment.

There are는 be동사 뒤에 오는 명사가 복수(두 개 이상)일 때 써요. 여러분 집 근처에 두 개 이상 있는 것은 무엇이 있나요? bank(은행), convenience store(편의점), restaurant(식당), cafe(카페) 등을 떠올려 보세요.

01 나는 아파트에 살아.

'~에 산다'라고 할 때 전치사 in을 빼먹지 말아야 해요.

나는 / 살아 / 아파트에

02 우리 집은 10층에 있어.

'~층'은 '서수+floor'로 써요.

우리 집은 / 있어 / 10층에

03 우리 집에는 부엌이 한 개 있어.

'~이 있어'는 There is ~를 써요.

있어 / 부엌 하나가 / 우리 집에

04 우리 집에는 침실이 두 개 있어.

두 개 이상이 있을 때는 There are ~를 써요.

있어 / 침실 두 개가 / 우리 집에

05 우리 아파트 근처에 많은 놀이터가 있어.

'놀이터'는 playground라고 해요.

있어 / 많은 놀이터들이 / 우리 아파트 근처에

⚠ Error Check

STEP 1 의 글과 STEP 3 의 글을 비교해 보세요. 다른 부분이 있다면 메모해 보세요.

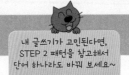

My Home

I live in   주거 형태   .

> 몇 층인지 써요.

My house is   .

There is   집 내부 1   .

There are   집 내부 2   .

There are   근처 시설   .

✔ **Self Check**

☐ 우리 집 소개라는 목적에 맞는 글을 썼나요?

☐ 주거 형태와 집 내부를 묘사하는 표현이 포함되어 있나요?

☐ 철자, 문장 부호, 대소문자를 틀리지 않고 썼나요?

동네 소개에 필요한 표현 배우기

I Live in Sadang-dong, Seoul.

나는 서울 사당동에 살아.

STEP 1 **따라 쓰기** | 동네 소개 글을 읽으며 따라 쓰세요.

01 I live in Sadang-dong, Seoul.

02 My place is in the city.

03 There is a subway station

in my neighborhood.

04 It is easy to move around.

05 So it is always crowded with people.

해석 및 정답 ▶ 154쪽

Quiz 위 내용과 일치하면 ○, 아니면 X에 표시하세요.

■ My place is in the city.   o   X

■ It is always crowded with cars.   o   X

Words

place 집, 장소   **city** 도시   **subway station** 지하철역   **easy** 쉬운
move around 돌아다니다   **be crowded with** ~으로 붐비다   **people** 사람들

STEP 2 패턴 연습하기 | 활용하기 좋은 패턴을 익혀 보세요.

01 I live in Sadang-dong, Seoul. 나는 서울 사당동에 살아.

예문 쓰기 I live in Nampo-dong, Busan. 나는 부산 남포동에 살아.

내 문장 쓰기 I live in ______________________.

여러분이 사는 동네의 이름을 영어로 써 보세요. 동네 이름을 쓸 때는 대문자로 시작해야 해요. 인터넷이나 집 근처 간판에서 동네의 영문 이름을 찾아 보세요.

02 It is easy to move around. 돌아다니기 쉬워.

예문 쓰기 It is easy to get to the big market. 큰 시장에 가기 쉬워.

내 문장 쓰기 It is easy to ______________________.

'~하기 쉽다'는 It is easy to ~를 써서 표현할 수 있어요. get to the big market(큰 시장에 가다), get to the library(도서관에 가다) 등을 넣어 표현해 보세요.

03 It is always crowded with people. 그곳은 항상 사람들로 붐벼.

예문 쓰기 It is always crowded with cars. 그곳은 항상 차들로 붐벼.

내 문장 쓰기 It is always crowded with ______________.

'~으로 항상 붐비다'는 It is always crowded with~를 써서 표현할 수 있어요. cars(차들), tourists(관광객들) 등을 넣어 표현해 보세요.

01 나는 서울 사당동에 살아.

지역명은 첫 글자를 대문자로 쓰는 거 잊지 마세요.

나는 / 살아 / 사당동에 / 서울

02 우리 집은 도시에 있어.

우리집은 my place라고 써요.

우리 집은 / 있어 / 도시에

03 지하철역이 우리 지역에 있어.

'~이 있다'라는 표현은 There is ~를 써요.

있어 / 지하철역이 / 우리 지역에

04 돌아다니기 쉬워.

'돌아다니다'는 move around를 써요.

(가주어 it) / ~해 / 쉬운 / 돌아다니기

05 그래서 그곳은 항상 사람들로 붐벼.

'~으로 붐비다'는 be crowded with를 써요.

그래서 / 그곳은 / ~해 / 항상 / 붐벼 / 사람들로

⚠ Error Check

STEP 1 의 글과 **STEP 3** 의 글을 비교해 보세요. 다른 부분이 있다면 메모해 보세요.

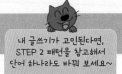

My Town

사는 지역의
이름을 써요.

I live in   동네 이름, 지역명   .

My place is   위치   .

There   .

It is easy to   동네 장점   .

So   동네 특징   .

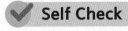

Self Check

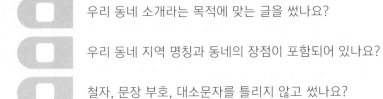

우리 동네 소개라는 목적에 맞는 글을 썼나요?

우리 동네 지역 명칭과 동네의 장점이 포함되어 있나요?

철자, 문장 부호, 대소문자를 틀리지 않고 썼나요?

도서관 방문 경험 소개에 필요한 표현 배우기

I Met Mina at the Library.

나는 도서관에서 미나를 만났어.

STEP 1 | **따라 쓰기** | 도서관 방문 경험 소개 글을 읽으며 따라 쓰세요.

01 I decided to meet Mina at the library today.

02 It took 20 minutes on foot.

03 We read books for an hour.

04 We borrowed 3 books each.

05 We will meet again to return them in two weeks.

해석 및 정답 ▶ 155쪽

Quiz 위 내용을 잘 이해했는지 빈칸을 채워 보세요.

When 언제	Where 어디서	Who 누구를	Why 왜
			to read _____

Words

meet 만나다   library 도서관   minute 분   on foot 걸어서, 도보로   hour 시간
borrow 빌리다, 대여하다   each 각각   again 다시   return 돌려주다, 반납하다

01 I decided to meet Mina at the library.

나는 도서관에서 미나를 만나기로 했어.

예문 쓰기 I decided to play soccer at the park.

나는 공원에서 축구를 하기로 했어.

내 문장 쓰기 I decided to _____.

decided to는 '~을 하기로 결심했다, ~을 하기로 했다'는 뜻이에요. 여러분은 오늘 무엇을 하기로 결심했나요? to do my homework(숙제를 하기로), to play soccer(축구를 하기로), to read books(책을 읽기로) 등을 활용해 보세요.

02 It took 20 minutes on foot.

걸어서 20분이 걸렸어.

예문 쓰기 It took 30 minutes on foot.

걸어서 30분이 걸렸어.

내 문장 쓰기 It took _____ on foot.

시간, 거리, 날씨 등에 주어로 쓰이는 It을 '비인칭주어'라고 부르는 거 기억나죠? 여기서는 얼마나 걸리는지 소요 시간을 말해 주는 문장이라서 It이 주어로 쓰였는데, 이때의 It은 '그것'이라고 해석하지 않는 것을 기억하세요.

03 We read books for an hour.

우리는 한 시간 동안 책을 읽었어.

예문 쓰기 We did our homework for an hour.

우리는 한 시간 동안 숙제를 했어.

내 문장 쓰기 We _____ for an hour.

동사 read는 현재형과 과거형의 철자가 똑같아요. 하지만 발음이 달라진다는 걸 기억해야 해요. 현재형인 read는 [리드], 과거형인 read는 [레드]라고 읽어요.

01 나는 오늘 도서관에서 미나를 만나기로 했어.

'~하기로 하다'는 decide to를 써요.

_____

나는 / ~하기로 했어 / 만나다 / 미나를 / 도서관에서 / 오늘

02 걸어서 20분이 걸렸어.

비인칭 주어 it을 기억해요.

_____

(비인칭 주어) / 걸렸어 / 20분 / 걸어서

03 우리는 한 시간 동안 책을 읽었어.

'~ 동안'은 for를 써요.

_____

우리는 / 읽었어 / 책들을 / 한 시간 동안

04 우리는 각각 3권의 책을 빌렸어.

'각각, 각자'는 each를 써요.

_____

우리는 / 빌렸어 / 3권의 책들을 / 각각

05 우리는 그것들을 반납하기 위해 2주 후에 다시 만날 거야.

'~후에'는 after가 아닌 in을 써요.

_____

우리는 / 만날 거야 / 다시 / 반납하기 위해 / 그것들을 / 2주 후에

⚠ **Error Check**

STEP 1 의 글과 STEP 3 의 글을 비교해 보세요. 다른 부분이 있다면 메모해 보세요.

내 글쓰기가 고민된다면, STEP 2 패턴을 참고해서 단어 하나라도 바꿔 보세요~

Visiting the Library

I decided

today.

도서관까지 얼마나 걸리는지 써요.

It took

We   행동 1

We   행동 2

We will

박물관 방문 경험 소개에 필요한 표현 배우기

I Went to the Museum.

나는 박물관에 갔어.

01 I went to the national history museum.

02 There were many people

because it was summer vacation.

03 I had to wait in line.

04 I learned a lot of things.

05 I became interested

in history.

해석 및 정답 ▶ 155쪽

QUIZ 위 내용과 일치하면 ○, 아니면 X에 표시하세요.

■ I went to the   museum   library   .

■ There were many people because it was summer   vacation   souvenir   .

Words

national history museum 국립역사박물관   **vacation** 방학, 휴가   **wait** 기다리다
in line 줄을 서서   **become interested in** ~에 관심이 생기다

STEP 2 패턴 연습하기 | 활용하기 좋은 패턴을 익혀 보세요.

01 I went to the national history museum.

나는 국립역사박물관에 갔어.

예문 쓰기 I went to the art museum.

나는 미술관에 갔어.

내 문장 쓰기 I went to ______________________.

여러분은 평소에 잘 가지 않지만 방학이나 휴일에 가본 곳이 있나요? 예전에 간 곳은 went를 사용해서 써 보세요. went는 go의 과거형이에요. the art museum(미술관), theater(극장), stadium(경기장) 등의 공간을 떠올려 보세요.

02 I had to wait in line.

나는 줄을 서서 기다려야 했어.

예문 쓰기 I had to be quiet.

나는 조용히 해야 했어.

내 문장 쓰기 I had to ______________________.

had to는 have to의 과거형이에요. have to는 '~해야 하다'란 뜻으로, 꼭 지켜야 하는 규칙이나 할 일을 표현할 때 쓸 수 있는 말이에요. 여러분은 박물관에 갔을 때 어떤 규칙을 지켜야 한다고 생각하나요?

03 I became interested in history.

나는 역사에 흥미가 생겼어.

예문 쓰기 I became interested in art.

나는 미술에 흥미가 생겼어.

내 문장 쓰기 I became interested in ______________________.

I became interested in은 '난 ~에 관심이 생겼어'라는 뜻이에요. in 다음에 관심이 생긴 것을 명사로 적어 보세요.

01 나는 국립역사박물관에 갔어.

'~에 갔다'는 went to를 써요.

_____

나는 / 갔어 / 국립역사박물관에

02 여름 방학이기 때문에 사람이 많았어.

'왜냐하면'은 because를 써요.

_____

~이 있었어 / 많은 사람들이 / 왜냐하면 / 이었어 / 여름 방학

03 나는 줄을 서서 기다려야 했어.

'줄을 서서'는 in line을 써요.

_____

나는 / ~해야 했어 / 기다리다 / 줄을 서서

04 나는 많은 것들을 배웠어.

'많은'은 a lot of를 써요.

_____

나는 / 배웠어 / 많은 것들을

05 나는 역사에 흥미가 생겼어.

'~에 흥미가 생기다'는 become interested in이에요.

_____

나는 / 흥미가 생겼어 / 역사에

⚠ Error Check

STEP **1** 의 글과 STEP **3** 의 글을 비교해 보세요. 다른 부분이 있다면 메모해 보세요.

Visiting the Museum

I went to 장소 .

There were

because 원인 . 이유를 써요.

I had to 행동 .

I learned 배운 것

I became interested in 흥미

✔ Self Check

☐☐☐ 박물관 방문 경험 소개라는 목적에 맞는 글을 썼나요?

☐☐☐ 어떤 박물관인지, 무엇에 흥미가 생겼는지가 포함되어 있나요?

☐☐☐ 철자, 문장 부호, 대소문자를 틀리지 않고 썼나요?

동물원 방문 경험 소개에 필요한 표현 배우기

I Visited the Zoo.
나는 동물원에 방문했어.

STEP 1 | **따라 쓰기** | 동물원 방문 경험 소개 글을 읽으며 따라 쓰세요.

01 I visited the zoo with my family.

02 My little brother likes animals a lot.

03 We saw lions and tigers.

04 We also saw sheep

and fed them.

05 My family was very happy.

해석 및 정답 ▶ 156쪽

QUIZ 위 내용을 잘 읽고, 동물원에서 본 동물에 ○하세요.

tiger	rabbit	wolf	lion	camel
monkey	elephant	sheep	fox	hippo

Words

zoo 동물원	animal 동물	a lot 많이	saw (see의 과거형) 보았다	lion 사자
tiger 호랑이	also 또한	sheep 양	fed (feed의 과거형) 먹이를 주었다	

STEP 2 패턴 연습하기 | 활용하기 좋은 패턴을 익혀 보세요.

01 I visited the zoo with my family. 나는 우리 가족과 함께 동물원에 방문했어.

예문 쓰기 I visited the zoo with my friends.
나는 친구들과 함께 동물원에 방문했어.

내 문장 쓰기 I visited the zoo ______________________.

'~와 함께'는 전치사 with를 써요. 여러분은 기억에 남는 장소에 누구와 함께 간 적이 있나요? 장소와 전치사 with를 활용해서 써 보세요. friend(친구), little brother(남동생), teacher(선생님) 등의 표현을 활용해 보세요.

02 We saw lions and tigers. 우리는 사자들과 호랑이들을 보았어.

예문 쓰기 I saw monkeys and rabbits. 나는 원숭이들과 토끼들을 보았어.

내 문장 쓰기 I saw ______________________.

see도 불규칙 동사예요. 과거형이 saw예요. 여러분은 동물원에 갔을 때 어떤 동물들을 보았나요? 여러분이 본 동물들을 써 보세요.

03 We also saw sheep and fed them.
우리는 또한 양들을 보았고, 그들에게 먹이를 줬어.

예문 쓰기 I also took a picture. 나는 또한 사진을 찍었어.

내 문장 쓰기 I also ______________________.

also는 '또한'이라는 뜻으로 보통 일반동사 앞에 와요. 여러분은 동물원에 가면 동물을 구경하는 것 말고 어떤 행동들을 하나요? buy a souvenir(기념품을 사다)나 take a picture(사진을 찍다)를 활용해 보세요.

01 나는 우리 가족과 함께 동물원에 방문했어.

'~와 함께'는 with를 써요.

나는 / 방문했어 / 동물원에 / 우리 가족과 함께

02 우리 남동생은 동물들을 많이 좋아해.

'남동생'은 little brother라고 써요.

우리 남동생은 / 좋아해 / 동물들을 / 많이

03 우리는 사자들과 호랑이들을 보았어.

see의 과거형은 saw예요.

우리는 / 보았어 / 사자들 / 그리고 / 호랑이들

04 우리는 또한 양들을 보았고, 그들에게 먹이를 줬어.

sheep은 단수형과 복수형이 같아요.

우리는 / 또한 / 보았어 / 양들 / 그리고 / 먹이를 줬어 / 그들에게

05 우리 가족은 매우 행복했어.

'매우'는 very를 써요.

우리 가족은 / ~이었어 / 매우 / 행복한

⚠ **Error Check**

STEP 1 의 글과 STEP 3 의 글을 비교해 보세요. 다른 부분이 있다면 메모해 보세요.

Visiting the Zoo

I visited _____ .

동물 좋아하는 사람 _____ animals a lot.

____ saw _____ . 어떤 동물을 보았는지 쓰세요.

____ also 동물원에서 한 일 _____

,

_____ .

방문 소감 _____ .

 Self Check

동물원 방문 경험 소개라는 목적에 맞는 글을 썼나요?

누구와 갔는지, 어떤 동물을 보았는지가 포함되어 있나요?

철자, 문장 부호, 대소문자를 틀리지 않고 썼나요?

UNIT 21

☐ live _____

☐ _____ 아파트

☐ home _____

☐ 10th floor _____

☐ _____ ~이 있다

☐ kitchen _____

☐ _____ 침실

☐ _____ 놀이터

☐ near _____

UNIT 22

☐ p _____ 장소

☐ city _____

☐ s _____ 지하철역

☐ easy _____

☐ m _____ 돌아다니다

☐ be crowded with _____

☐ people _____

UNIT 23

☐ _____ 만나다

☐ _____ 도서관

☐ minute _____

☐ on foot _____

UNIT 23

☐ _____ 시간

☐ borrow _____

☐ _____ 각각

☐ _____ 다시

☐ return _____

UNIT 24

☐ national history museum _____

☐ v _____ 방학, 휴가

☐ w _____ 기다리다

☐ in line _____

☐ become interested in _____

UNIT 25

☐ _____ 동물원

☐ a lot _____

☐ _____ 동물

☐ saw _____

☐ lion _____

☐ _____ 호랑이

☐ also _____

☐ _____ 양

☐ fed _____

UNIT 21

대표 문장

1. I live in an apartment.
2. There is a kitchen in my home.
3. There are many playgrounds near my apartment.

변형 문장

1. I live in a villa.
2. There is a bathroom in my home.
3. There are two banks near my apartment.

빈 공간에 한 번씩
따라 쓰면 좋아요!

나의 문장

1. _____

2. _____

3. _____

UNIT 22

대표 문장

1. I live in Sadang-dong, Seoul.
2. It is easy to move around.
3. It is always crowded with people.

변형 문장

1. I live in Nampo-dong, Busan.
2. It is easy to get to the big market.
3. It is always crowded with cars.

빈 공간에 한 번씩
따라 쓰면 좋아요!

나의 문장

1. _____

2. _____

3. _____

UNIT 23

대표 문장

1 I decided to meet Mina at the library.
2 It took 20 minutes on foot.
3 We read books for an hour.

변형 문장

1 I decided to play soccer at the park.
2 It took 30 minutes on foot.
3 We did our homework for an hour.

빈 공간에 한 번씩
따라 쓰면 좋아요!

나의 문장

1

2

3

UNIT 24

대표 문장

1 I went to the national history museum.
2 I had to wait in line.
3 I became interested in history.

변형 문장

1 I went to the art museum.
2 I had to be quiet.
3 I became interested in art.

빈 공간에 한 번씩
따라 쓰면 좋아요!

나의 문장

1

2

3

1 I visited the zoo with my family.
2 We saw lions and tigers.
3 We also saw sheep and fed them.

1 I visited the zoo with my friends.
2 I saw monkeys and rabbits.
3 I also took a picture.

빈 공간에 한 번씩
따라 쓰면 좋아요!

1
_____

2
_____

3
_____

어려웠던 문장만 모아 다시 써 보세요.

_____

_____

_____

_____

_____

_____

Place

Title: _____

내 이야기를
자유롭게 적어
보세요. 글쓰기에는
정답이 없으니까요.

※ 스펠링과 문법 확인을 위해 네이버 사전, 파파고 앱이나
그래멀리 웹사이트(grammarly.com)를 이용할 수 있어요.

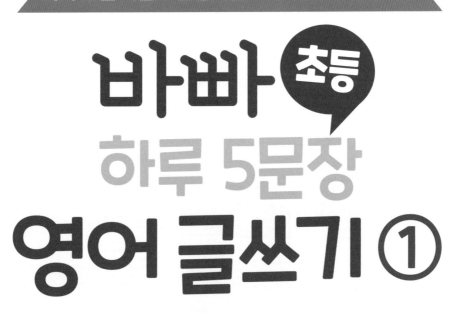

따라 쓰면 저절로 완성되는 핵심 패턴 기초 영작문

바빠 초등

하루 5문장

영어 글쓰기 ①

정답 및 해석

① 참고용 예시 답안은 정답이 아니에요. 내가 쓴 글과 비교해 보세요.

② 내가 만든 문장의 스펠링과 문법을 네이버 사전, 파파고 앱이나 grammarly.com를 통해서 확인해 보세요.

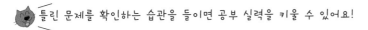 틀린 문제를 확인하는 습관을 들이면 공부 실력을 키울 수 있어요!

Unit 01 My Name Is Jina Kim.

STEP 1 해석

01 안녕! 내 이름은 김지나야.
02 나는 10살 소녀야.
03 나는 대한민국, 서울에 살아.
04 나는 엄마, 아빠, 그리고 남동생 기훈이가 있어.
05 너희들을 만나서 반가워.

QUIZ Jina, Kim, 10, Korea

STEP 2 내 문장 쓰기 예시 답안

01 My name is Min Park.
내 이름은 박민이야.
02 I am an 11-year-old girl.
나는 11살 소녀야.
03 I have an older sister.
나는 언니(누나)가 있어.

STEP 3 정답

01 Hello! My name is Jina Kim.
02 I am a 10-year-old girl.
03 I live in Seoul, Korea.
04 I have a mom, a dad, and a little brother, Kihoon.
05 Nice to meet you.

STEP 4 내 글쓰기 예시 답안

All about Me
Hi My name is Roy Choi.
I am a 9-year-old boy.
I live in Busan, Korea.
I have a dad, a mom, and a little sister Jimin.
Nice to meet you.

나에 관한 모든 것
안녕! 내 이름은 최로이야.
나는 9살 소년이야.
나는 대한민국, 부산에 살아.
나는 아빠, 엄마, 그리고 여동생, 지민이가 있어.
너희들을 만나서 반가워.

Unit 02 My Hobby Is Drawing.

STEP 1 해석

01 내 취미는 그림 그리기야.
02 나는 매일 그림을 그려.
03 나는 물건들 만들기 또한 좋아해.
04 나는 주말마다 로봇을 만들어.
05 나는 미술에 소질이 있어.

QUIZ O, O

STEP 2 내 문장 쓰기 예시 답안

01 My hobby is playing soccer.
내 취미는 축구하기야.
02 I make robots on Sundays.
나는 일요일마다 로봇을 만들어.
03 I am talented at sports.
나는 스포츠에 소질이 있어.

STEP 3 정답

01 My hobby is drawing.
02 I draw pictures every day.
03 I like making things, too.
04 I make robots on weekends.
05 I am talented at art.

STEP 4 내 글쓰기 예시 답안

My Hobby
My hobby is playing soccer.
I play soccer every day.
I like swimming, too.
I swim on Fridays.
I am talented at sports.

내 취미
내 취미는 축구하기야.
나는 매일 축구를 해.
나는 수영하기도 좋아해.
나는 금요일마다 수영해.
나는 스포츠에 소질이 있어.

Unit 03 | **I Can Swim Well.**

Unit 04 | **I Am a Picky Eater.**

STEP 1 해석

01 나는 수영을 잘할 수 있어.

02 나는 노래를 아름답게 부를 수 있어.

03 나는 매우 빨리 달릴 수 있어.

04 나는 수학 문제들을 재빨리 풀 수 있어.

05 나는 영어로 내 이름을 쓸 수 있어.

Quiz swim, sing, run

STEP 2 내 문장 쓰기 예시 답안

01 I can draw well.
나는 그림을 잘 그릴 수 있어.

02 I can sing happily.
나는 노래를 행복하게 부를 수 있어.

03 I can write my name in Korean.
나는 한국어로 내 이름을 쓸 수 있어.

STEP 3 정답

01 I can swim well.

02 I can sing beautifully.

03 I can run really fast.

04 I can solve math problems quickly.

05 I can write my name in English.

STEP 4 내 글쓰기 예시 답안

What I Can Do

I can dance well.
I can sing excitedly.
I can jump high.
I can solve science problems quickly.
I can write my name in French.

내가 할 수 있는 것

나는 춤을 잘 출 수 있어.
나는 노래를 즐겁게 부를 수 있어.
나는 높이 뛸 수 있어.
나는 과학 문제들을 재빨리 풀 수 있어.
나는 프랑스어로 내 이름을 쓸 수 있어.

STEP 1 해석

01 나는 편식쟁이야.

02 나는 고기를 좋아하고 나는 채소를 안 좋아해.

03 나는 당근을 가장 안 좋아해.

04 그런데 우리 엄마는 당근을 가장 좋아해.

05 우리는 정말 달라.

Quiz meat, carrots, carrots

STEP 2 내 문장 쓰기 예시 답안

01 I am a walking dictionary.
나는 걸어 다니는 사전이야.

02 I don't like math.
나는 수학을 안 좋아해.

03 He likes carrots the most.
그는 당근을 제일 좋아해.

STEP 3 정답

01 I am a picky eater.

02 I like meat and I don't like vegetables.

03 I don't like carrots the most.

04 However, my mom likes carrots the most.

05 We are so different.

STEP 4 내 글쓰기 예시 답안

My Personality

I am a bookworm.
I like books, and I don't like sports.
I don't like basketball the most.
However, my dad likes basketball the most.
We are so different.

내 특징

나는 책벌레야.
나는 책을 좋아하고 나는 스포츠를 안 좋아해.
나는 농구를 가장 안 좋아해.
그런데 우리 아빠는 농구를 가장 좋아해.
우리는 정말 달라.

Unit 05 | I Am Happy Today.

STEP 1 해석

01 나는 오늘 행복해.
02 왜냐하면 나는 시험을 통과했거든.
03 나는 오늘 행복하지 않아.
04 왜냐하면 내 친구 로사가 이사를 갔거든.
05 오늘 너는 기분이 어때?

Q Quiz X, X

STEP 2 내 문장 쓰기 예시

01 I am angry today.
나는 오늘 화가 났어.
02 Because I passed the test.
왜냐하면 나는 시험에 통과했어.
03 I am not bored today.
나는 오늘 지루하지 않았어.

STEP 3 정답

01 I am happy today.
02 Because I passed the test.
03 I am not happy today.
04 Because my friend Rosa moved away.
05 How do you feel today?

STEP 4 글쓰기 예시 & 해석

My Feelings
I am sad today.
Because I failed the test.
I am not sad today.
Because I have a new friend.
How do you feel today?

나의 기분
나는 오늘 슬퍼.
왜냐하면 나는 시험에 떨어졌거든.
나는 오늘 슬프지 않아.
왜냐하면 나는 새 친구가 생겼거든.
오늘 너는 기분이 어때?

단어 WORDS 모으기

Unit 01

hello	안녕(인사)	mom	엄마
name	이름	dad	아빠
year	해, 년	little brother	남동생
old	나이 든	nice	좋은
girl	소녀	meet	만나다
live	살다		

Unit 02

hobby	취미	too	또, 역시
drawing / draw	그림 그리기 / 그리다	weekend	주말
picture	그림	talented	소질이 있는
like	좋아하다	art	미술
making / make	만들기 / 만들다		

Unit 03

can	~할 수 있다	solve	(문제를) 풀다
swim	수영하다	math problem	수학 문제
sing	노래하다	quickly	재빨리
run	달리다	write	쓰다

Unit 04

picky eater	편식쟁이	carrot	당근
meat	고기	most	가장
vegetable	채소	different	다른

Unit 05

happy	행복한	friend	친구
because	왜냐하면	move away	이사 가다
pass the test	시험을 통과하다	feel	느끼다

Unit 06   Mom Is a Superwoman.

STEP 1   해석

01 우리 엄마는 슈퍼우먼이야.

02 그녀는 학교에서 아이들을 가르쳐.

03 그녀는 집에서 내 동생과 나를 돌봐.

04 그녀는 요리를 잘해.

05 나는 그녀가 슈퍼우먼이라고 생각해.

Quiz superwoman, teacher, cooking

STEP 2   내 문장 쓰기 예시 답안

01 My mom is an early bird.
우리 엄마는 부지런한 사람이야.

02 She works in an office.
그녀는 회사에서 일해.

03 She is good at growing plants.
그녀는 식물 기르기를 잘해.

STEP 3   정답

01 My mom is a superwoman.

02 She teaches children at school.

03 At home, she takes care of my brother and me.

04 She is good at cooking.

05 I think she is a superwoman.

STEP 4   내 글쓰기 예시 답안

All about Mom
My mom is an early bird.
She wakes up early in the morning.
She reads a book every day.
She is good at growing plants.
I think She is an early bird.

우리 엄마의 모든 것
우리 엄마는 부지런한 사람이야.
그녀는 아침에 일찍 일어나.
그녀는 매일 책을 읽어.
그녀는 식물 기르기를 잘해.
나는 그녀가 부지런한 사람이라고 생각해.

Unit 07   My Dad Is So Sweet.

STEP 1   해석

01 우리 아빠는 정말 자상해.

02 그는 퇴근 후에 우리랑 보드게임을 해.

03 그는 저녁 식사 후에 설거지를 해.

04 그는 자기 전에 우리에게 책을 읽어 줘.

05 그래서 나는 그를 허니 베어라고 불러.

Quiz play(s) board games, do(es) the dishes, read(s) books

STEP 2   내 문장 쓰기 예시 답안

01 My dad is so kind.
우리 아빠는 정말 친절해.

02 He plays golf.
그는 골프를 쳐.

03 I call him my superman.
나는 그를 나의 슈퍼맨이라고 불러.

STEP 3   정답

01 My dad is so sweet.

02 He plays board games with us after work.

03 He does the dishes after dinner.

04 He reads books to us before going to bed.

05 So I call him honey bear.

STEP 4   내 글쓰기 예시 답안

All about Dad
My dad is so friendly.
He plays soccer with us after work.
He washes the dishes after dinner.
He helps our homework before going to bed.
So I call him my hero.

우리 아빠의 모든 것
우리 아빠는 아주 다정해.
그는 퇴근 후에 우리랑 축구를 해.
그는 저녁 식사 후에 설거지를 해.
그는 자기 전에 우리 숙제를 도와줘.
그래서 나는 그를 나의 영웅이라고 불러.

Unit 08 I Have a Best Friend.

STEP 1 해석

01 나는 가장 친한 친구가 있어.
02 그녀의 이름은 베티야.
03 그녀는 키가 크고 날씬해.
04 그녀는 파란 눈과 긴 곱슬머리를 가졌어.
05 무엇보다 그녀는 좋은 성격을 가졌어.

Quiz tall, slim, blue eyes, long hair, curly hair

STEP 2 내 문장 쓰기 예시 답안

01 He has a best friend.
그는 가장 친한 친구가 있어.
02 He is tall and slim.
그는 키가 크고 날씬해.
03 She has black eyes and bobbed hair.
그녀는 검은 눈과 단발머리를 가졌어.

STEP 3 정답

01 I have a best friend.
02 Her name is Betty.
03 She is tall and slim.
04 She has blue eyes and long curly hair.
05 Above all, she has a good personality.

STEP 4 내 글쓰기 예시 답안

All about My Best Friend
I have a best friend.
His name is Seho.
He is tall and slim.
He has brown eyes and short straight hair.
Above all, he has a good heart.

나의 가장 친한 친구의 모든 것
나는 가장 친한 친구가 있어.
그의 이름은 세호야.
그는 키가 크고 날씬해.
그는 갈색의 눈과 짧은 생머리를 가졌어.
무엇보다 그는 따뜻한 사람이야.

Unit 09 My Favorite Teacher Is James.

STEP 1 해석

01 내가 가장 좋아하는 선생님은 제임스야.
02 그는 영어 선생님이야.
03 그는 영국 출신이야.
04 그는 안경을 쓰고 파란 셔츠를 입어.
05 그는 아주 똑똑해 보여.

Quiz O, X

STEP 2 내 문장 쓰기 예시 답안

01 He is from Canada.
그는 캐나다 출신이야.
02 She wears black pants and a T-short.
그녀는 검은 바지와 티셔츠를 입어.
03 He looks so old.
그는 너무 늙어 보여.

STEP 3 정답

01 My favorite teacher is James.
02 He is an English teacher.
03 He is from England.
04 He wears glasses and a blue shirt.
05 He looks so smart.

STEP 4 내 글쓰기 예시 답안

My Favorite Teacher
My favorite teacher is Jihye.
She is a music teacher.
She is from Korea.
She wears yellow shoes and a red skirt.
She looks so young.

내가 가장 좋아하는 선생님
내가 가장 좋아하는 선생님은 지혜야.
그녀는 음악 선생님이야.
그녀는 한국 출신이야.
그녀는 노란 신발과 빨간 치마를 입었어.
그녀는 아주 젊어 보여.

Unit 10　Dr. Gu Is Kind.

STEP 1　해석

01　나의 좋은 이웃, 구 선생님은 친절해.
02　그는 우리 마을에서 매우 친절한 의사야.
03　내가 아플 때, 나는 구 선생님을 만나러 가.
04　그는 항상 "휴식을 취하고 일찍 자렴."하고 이야기해.
05　모두들 구 선생님께 감사하고 있어.

Quiz X, O

STEP 2　내 문장 쓰기 예시 답안

01　He is a teacher.
　　그는 선생님이야.
02　We are very kind doctors in my town.
　　우리는 우리 마을에서 매우 친절한 의사들이야.
03　Everyone thanks Mr. Lee.
　　모두들 이 선생님께 감사하고 있어.

STEP 3　정답

01　My good neighbor, Mr. Gu, is kind.
02　He is a very kind doctor in my town.
03　When I am sick, I go to see Dr. Gu.
04　He always says, "Get some rest and go to bed early."
05　Everyone thanks Dr. Gu.

STEP 4　내 글쓰기 예시 답안

My Good Neighbor
My good neighbor, Mrs. Kim, is nice.
She is a very nice bus driver in my town.
When I go to school, I take the bus.
She always says, "Be careful when you get on the bus."
Everyone thanks Mrs. Kim.

나의 좋은 이웃
나의 좋은 이웃, 김 선생님은 멋져.
그녀는 우리 마을에서 아주 멋진 버스 운전사야.
나는 학교에 갈 때, 나는 버스를 타.
그녀는 항상 "버스에 탈 때 조심해라."하고 이야기해.
모두들 김 선생님께 감사하고 있어.

단어 모으기

Unit 06

teach	가르치다	be good at	~을 잘하다, 능숙하다
children	아이들	cook	요리하다
take care of	~을 돌보다		

Unit 07

sweet	달콤한, 자상한	do the dishes	설거지하다
play board games	보드게임 하다	go to bed	자다, 자러 가다
after work	퇴근 후에	call	부르다

Unit 08

best friend	가장 친한 친구	long	긴
tall	키가 큰	curly hair	곱슬머리
slim	날씬한	above all	무엇보다
blue	파란색(의)	personality	성격
eye	눈		

Unit 09

favorite	가장 좋아하는	glasses	안경
teacher	선생님	shirt	셔츠
England	영국	look	~처럼 보이다
wear	입다, 입고 있다	smart	똑똑한

Unit 10

good	좋은	when	~할 때
neighbor	이웃	sick	아픈
Mr.	~씨[님/선생]	always	항상
kind	친절한	say	이야기하다
doctor	의사	rest	휴식
town	마을	thank	감사하다

Unit 11 | I Usually Get Up Early.

STEP 1 해석

01 나는 보통 아침에 일찍 일어나.
02 나는 아침을 먹은 다음 양치질을 해.
03 나는 자주 친구들이랑 학교에 가.
04 나는 방과 후에 피아노 수업을 받아.
05 그럼 벌써 6시야.

Quiz 4, 3, 2, 5, 1

STEP 2 내 문장 쓰기 예시 답안

01 Dad usually gets up early.
    아빠는 보통 일찍 일어나.
02 I usually go to school with my friends.
    나는 보통 친구들과 학교에 가.
03 It is already 7 o'clock.
    벌써 7시야.

STEP 3 정답

01 I usually get up early in the morning.
02 I eat breakfast and then brush my teeth.
03 I often go to school with my friends.
04 I have a piano lesson after school.
05 And then it is already 6 o'clock.

STEP 4 내 글쓰기 예시 답안

My Daily Routine
I usually get up at 7 in the morning.
I wash my face and then brush my teeth.
I often eat breakfast.
I have a violin lesson after school.
And then it is already 7 o'clock.

나의 매일 루틴
나는 보통 아침 7시에 일어나.
나는 세수하고 이 닦아.
나는 자주 아침을 먹어.
나는 방과 후에 바이올린 수업을 받아.
그럼 벌써 7시야.

Unit 12 | Today's Weather Is Sunny.

STEP 1 해석

01 어제는 하루 종일 비가 내렸어.
02 날씨 때문에 나는 슬펐어.
03 하지만 오늘의 날씨는 화창해.
04 놀기에 좋은 날이야.
05 나는 우리 가족들이랑 야외 활동을 즐길 거야.

Quiz 비 오는 그림 / 해가 쨍쨍한 그림

STEP 2 내 문장 쓰기 예시 답안

01 It was windy all day yesterday.
    어제는 하루 종이 바람이 불었어.
02 Today's weather is rainy.
    오늘의 날씨는 비가 내려.
03 It is a great day to study.
    공부하기에 좋은 날이야.

STEP 3 정답

01 It rained all day yesterday.
02 Because of the weather, I was sad.
03 But today's weather is sunny.
04 It is a great day to play.
05 I will enjoy outdoor activities with
    my family.

STEP 4 내 글쓰기 예시 답안

Weather
It was sunny yesterday.
Because of the weather, I played outside.
Today's weather is rainy.
It is a great day to splash in a puddle.
I will wear my new boots.

날씨
어제는 하루 종일 화창했어.
날씨 때문에 나는 밖에서 놀았어.
오늘의 날씨는 비가 와.
물웅덩이에 첨벙거리기 좋은 날이야.
나는 내 새 부츠를 신을 거야.

Unit 13 | I Have Homework.

STEP 1 해석

01 매일 나는 숙제가 있어.
02 첫 번째로, 나는 수학 문제집 두 쪽을 풀어.
03 두 번째로, 나는 피아노 연주를 연습해.
04 세 번째로, 나는 일주일에 두 번 영어로 일기를 써.
05 나는 세상에서 제일 숙제가 싫어.

Quiz 1, 2, 3

STEP 2 내 문장 쓰기 예시 답안

01 I do 1 page in my math workbook.
　나는 수학 문제집은 한 쪽을 풀어.
02 Third, he practices playing soccer.
　세 번째로, 그는 축구를 연습해.
03 I run three times a week.
　나는 일주일에 세 번 뛰어.

STEP 3 정답

01 Every day, I have homework.
02 First, I do 2 pages in my math workbook.
03 Second, I practice playing the piano.
04 Third, I write in my diary in English twice a week.
01 I hate homework the most in the world.

STEP 4 내 글쓰기 예시 답안

My Homework
Every day, I have homework.
First, I do 3 pages in my English workbook.
Second, I practice playing the violin.
Third, I jump rope once a week.
I hate homework the most in the world.

내 숙제
매일 나는 숙제들이 있어.
첫 번째로, 나는 영어 문제집 세 쪽을 풀어.
두 번째로, 나는 바이올린 연주를 연습해.
세 번째로, 나는 일주일에 한 번 줄넘기를 해.
나는 세상에서 제일 숙제가 싫어.

Unit 14 | Everyone Cleaned Up.

STEP 1 해석

01 오늘 우리 가족 모두가 함께 청소를 했어.
02 나는 설거지를 담당했어.
03 우리 아빠는 재활용을 담당했어.
04 우리 남동생은 아빠를 도왔어.
05 우리 엄마는 우리를 위해 요리를 했어.

Quiz I - washing the dishes / Mom - cooking / Dad and little brother - recycling

STEP 2 내 문장 쓰기 예시 답안

01 I was in charge of vacuuming.
　나는 청소기 돌리기를 담당했어.
02 She was in charge of cleaning.
　그녀는 청소를 담당했어.
03 My little sister helped my grandmother.
　우리 여동생은 우리 할머니를 도왔어.

STEP 3 정답

01 Today, everyone in my family cleaned up together.
02 I was in charge of washing the dishes.
03 My dad was in charge of recycling.
04 My little brother helped my dad.
05 My mom cooked for us.

STEP 4 내 글쓰기 예시 답안

Things to Do at Home
Today, everyone in my family cleaned up together.
I was in charge of cleaning my room.
My dad was in charge of cooking.
My little sister helped my dad.
My mom baked a cake for us.

집에서 할 것들
오늘 우리 가족 모두가 함께 청소했어.
나는 내 방 청소를 담당했어.
우리 아빠는 요리를 담당했어.
우리 여동생은 아빠를 도왔어.
우리 엄마는 우리를 위해 케이크를 구웠어.

Unit 15   I Was Ready for Bed.

STEP 1 해석

01 우리 아빠는 오늘 일찍 집에 왔어.

02 우리 아빠 덕분에, 우리는 일찍 저녁 식사를 했어.

03 저녁 식사 후에, 나는 세수를 하고, 로션을 발랐어.

04 우리 아빠는 우리에게 동화책을 읽어줬어.

05 나는 잘 준비가 됐어.

Quiz have dinner, apply some lotion, wash my face

STEP 2 내 문장 쓰기 예시

01 Thanks to my grandfather, we won the game.
우리 할아버지 덕분에, 우리는 게임을 이겼어.

02 After dinner, I watched TV.
저녁 식사 후에, 나는 TV를 봤어.

03 I was ready for dinner.
저녁 먹을 준비가 됐어.

STEP 3 정답

01 My dad came home early today.

02 Thanks to my dad, we had an early dinner.

03 After dinner, I washed my face and applied some lotion.

04 My dad read a storybook to us.

05 I was ready for bed.

STEP 4 글쓰기 예시 & 해석

Time for Bed
My grandfather came home early today.
Thanks to my grandpa, we enjoyed our meal.
After dinner, I took a shower and dried my hair.
We watched a movie.
I was ready for bed.

잘 시간
우리 할아버지는 오늘 일찍 집에 오셨어.
우리 할아버지 덕분에, 우리는 식사를 즐겼어.
저녁 식사 후에, 나는 샤워를 하고 머리를 말렸어.
우리는 영화를 봤어.
나는 잘 준비가 됐어.

단어 모으기

Unit 11

usually	보통	brush one's teeth	이를 닦다
get up	일어나다	piano	피아노
early	일찍	lesson	수업
eat	먹다	after school	방과 후에
breakfast	아침 식사	already	벌써

Unit 12

rain	비가 오다	sunny	화창한
all day	하루 종일	enjoy	즐기다
yesterday	어제	outdoor	바깥의
because of	~때문에	activity	활동
weather	날씨	family	가족

Unit 13

first	첫 번째	practice	연습하다
page	쪽, 페이지	diary	일기
math	수학	twice a week	주 2회
workbook	문제집	hate	싫어하다
second	두 번째		

Unit 14

clean up	청소하다	wash the dishes	설거지하다
be in charge of	~을 담당하다, ~의 책임을 지다	recycle	재활용하다

Unit 15

thanks to	~덕분에	lotion	로션
dinner	저녁 식사	storybook	이야기책, 동화책
apply	~을 바르다	be ready for	~할 준비가 되다

Unit 16   I Go to Elementary School.

STEP 1   해석

01 나는 하나초등학교에 다녀.

02 나는 3학년이야.

03 오늘 나는 5교시가 있어.

04 컴퓨터 수업은 5교시 중 하나야.

05 그것은 학생들에게 아주 인기 있어.

Quiz Hana, 3rd, 5 classes

STEP 2   내 문장 쓰기 예시 답안

01 I go to Hanbit Elementary School.
나는 한빛 초등학교에 다녀.

02 I am in the 4th grade.
나는 4학년이야.

03 Music class is one of my 5 classes.
음악 수업은 5교시 중 하나야.

STEP 3   정답

01 I go to Hana Elementary School.

02 I am in the 3rd grade.

03 Today, I have 5 classes.

04 Computer class is one of my 5 classes.

05 It is very popular with students.

STEP 4   내 글쓰기 예시 답안

My School
I go to Daehan Elementary School.
I am in the 4th grade.
Today, I have 4 classes.
Math class is one of my 4 classes.
It is very popular with students.

우리 학교
나는 대한초등학교에 다녀.
나는 4학년이야.
오늘 나는 4교시가 있어.
수학 수업은 4교시 중 하나야.
그것은 학생들에게 아주 인기 있어.

Unit 17   My Favorite Subject Is P.E.

STEP 1   해석

01 내가 가장 좋아하는 과목은 체육이야.

02 왜냐하면 나는 친구들이랑 운동하는 걸 좋아하기 때문이야.

03 나는 체육 시간에 축구를 할 수 있어.

04 나는 체육 시간에 줄넘기를 할 수 있어.

05 나는 매일 체육을 하고 싶어.

Quiz soccer, jump rope

STEP 2   내 문장 쓰기 예시 답안

01 My favorite subject is music.
내가 가장 좋아하는 과목은 음악이야.

02 She can draw in art class.
그녀는 미술 시간에 그림 그릴 수 있어.

03 I want to have music every day.
나는 매일 음악을 하고 싶어.

STEP 3   정답

01 My favorite subject is P.E.

02 Because I like to exercise with my friends.

03 I can play soccer in P.E. class

04 I can jump rope in P.E. class.

05 I want to have P.E. every day.

STEP 4   내 글쓰기 예시 답안

My Favorite Subject
My favorite subject is English.
Because I like to listen to pop songs.
I can speak English in English class.
I can write my name in English in English class.
I want to have English every day.

내가 좋아하는 과목
내가 좋아하는 과목은 영어야.
왜냐하면 나는 팝송을 듣는 걸 좋아하기 때문이야.
나는 영어 시간에 영어 말하기를 할 수 있어.
나는 영어 시간에 영어로 내 이름을 쓸 수 있어.
나는 매일 영어를 하길 원해.

Unit 18 I Became the Class President.

Unit 19 Today Is My Field Trip Day.

STEP 1 해석

01 지난번에 난 선거에서 떨어졌어.
02 이번에 나는 반장이 되고 싶었어.
03 그래서 나는 좋은 연설을 하기 위해 최선을 다했어.
04 나는 매우 긴장했지만 해냈어.
05 마침내 나는 반장이 되었어.

Quiz lost, became

STEP 2 내 문장 쓰기 예시 답안

01 The last time, I lost the election.
지난번에 난 선거에서 떨어졌어.
02 I wanted to be the class vice president.
나는 부반장이 되고 싶었어.
03 Finally, you became the club president.
마침내 너는 동아리 회장이 되었어.

STEP 3 정답

01 The Last time, I lost the election.
02 This time, I wanted to be the class president.
03 So I did my best to give a good speech.
04 I was so nervous but made it.
05 Finally, I became the class president.

STEP 4 내 글쓰기 예시 답안

Class President
The last time, I lost the election.
This time, I wanted to be the class vice president.
So I did my best to give a nice speech.
I was so nervous but made it.
Finally, I became the class vice president.

반장
지난번에 나는 선거에서 떨어졌어.
이번에 나는 부반장이 되고 싶었어.
그래서 나는 좋은 연설을 하기 위해 최선을 다했어.
나는 매우 긴장했지만 해냈어.
마침내 나는 부반장이 되었어.

STEP 1 해석

01 오늘은 나의 현장 체험 학습날이야.
02 나는 경기도에 있는 민속촌에 갔어.
03 그곳은 전통적인 건물들로 유명해.
04 나는 많은 것들을 배웠고 친구들과 놀았어.
05 현장 체험 학습은 매우 재미있었어.

Quiz the folk village, traditional buildings

STEP 2 내 문장 쓰기 예시 답안

01 Tomorrow will be my field trip day.
내일 나의 현장 체험 학습날이야.
02 I went to Everland in Yongin.
나는 용인에 에버랜드에 갔어.
03 It is famous for its beautiful scenery.
그곳은 아름다운 경치로 유명해.

STEP 3 정답

01 Today is my field trip day.
02 I went to the folk village in Gyeonggi-do.
03 It is famous for its traditional buildings.
04 I learned many things and played with my friends.
05 The field trip was very fun.

STEP 4 내 글쓰기 예시 답안

A Fun, Fun Field Trip
Today is my field trip day.
I went to Lotte World in Seoul.
It is famous for its huge size.
I went on a ride and watched a parade.
The field trip was fantastic.

신나고 신나는 현장 체험 학습
오늘은 나의 현장 체험 학습날이야.
나는 서울 롯데월드에 갔어.
그곳은 거대한 규모로 유명해.
나는 기구를 탔고 퍼레이드를 봤어.
이 현장 체험 학습은 환상적이었어.

Unit 20 | I Missed School.

STEP 1 해석

01 나는 독감에 걸렸어.
02 나는 열이 나고 목이 아팠어.
03 그래서 나는 학교를 빠졌어.
04 나는 며칠 동안 학교에 갈 수 없었어.
05 나는 약을 먹었고 집에 머물렀어.

QUIZ fever, sore throat

STEP 2 내 문장 쓰기 예시 답안

01 I had an upset stomach.
   나는 배탈이 났어.
02 He had a cough and a fever.
   그는 기침과 열이 났어.
03 I couldn't go to my hakwon.
   나는 학원에 갈 수 없었어.

STEP 3 정답

01 I had the flu.
02 I had a fever and a sore throat.
03 So I missed school.
04 I couldn't go to school for a few days.
05 I took some medicine and stayed at home.

STEP 4 내 글쓰기 예시 답안

Absence from School
I had the flu.
I had a fever and a runny nose.
So I missed school.
I couldn't go to school for a few days.
I took some medicine and got some rest.

학교 결석
나는 독감에 걸렸어.
나는 열이 나고 콧물이 났어.
그래서 나는 학교를 빠졌어.
나는 며칠 동안 학교에 갈 수 없었어.
나는 약간의 약을 먹었고 집에 머물렀어.

 단어 모으기

Unit 16

elementary school	초등학교	computer	컴퓨터
3rd	세 번째	popular	인기 있는
grade	학년	with	~에게
class	수업, 교시	student	학생

Unit 17

subject	과목	soccer	축구
P.E.	체육	jump rope	줄넘기하다
exercise	운동하다	want	원하다

Unit 18

election	선거	nervous	긴장한
class president	반장	make it	해내다
do one's best	최선을 다하다	finally	마침내, 결국
give a speech	연설하다	became	~이 되었다

Unit 19

field trip	현장 체험 학습	building	건물
went	갔다	learn	배우다
folk village	민속촌	thing	(어떤) 것
be famous for	~으로 유명하다	fun	즐거운, 재미있는
traditional	전통저인		

Unit 20

flu	독감	miss	빠지다, 놓치다
fever	열	couldn't	~할 수 없었다
sore	아픈	for a few days	며칠 동안
throat	목	take medicine	약을 먹다

153

Unit 21　My Home Is on the 10th Floor.

Unit 22　I Live in Sadang-dong, Seoul.

STEP 1 해석

01 나는 아파트에 살아.
02 우리 집은 10층에 있어.
03 우리 집에는 부엌이 한 개 있어.
04 우리 집에는 침실이 두 개 있어.
05 우리 아파트 근처에 많은 놀이터가 있어.

Quiz 10th floor, two bedrooms

STEP 2 내 문장 쓰기 예시 답안

01 **I live in a country house.**
　나는 전원주택에 살아.
02 **There is a living room in my home.**
　우리 집에는 거실이 한 개 있어.
03 **There are many cafes near my apartment.**
　우리 아파트 근처에 많은 카페가 있어.

STEP 3 정답

01 I live in an apartment.
02 My home is on the 10th floor.
03 There is a kitchen in my home.
04 There are two bedrooms in my home.
05 There are many playgrounds near my apartment.

STEP 4 내 글쓰기 예시 답안

My Home
I live in a villa.
My home is on the 2nd floor.
There is a veranda in my home.
There are two bathrooms in my home.
There are many parks near my villa.

우리 집
나는 빌라에 살아.
우리 집은 2층에 있어.
우리 집에 베란다가 1개 있어.
우리 집에 화장실은 2개 있어.
우리 빌라 근처에는 많은 공원들이 있어.

STEP 1 해석

01 나는 서울 사당동에 살아.
02 우리 집은 도시에 있어.
03 지하철역이 우리 동네에 있어.
04 돌아다니기 쉬워.
05 그래서 그곳은 항상 사람들로 붐벼.

Quiz O, X

STEP 2 내 문장 쓰기 예시 답안

01 **I live in Seogwipo-si, Jeju-do.**
　나는 제주도 서귀포시에 살아.
02 **It is easy to get to the library.**
　도서관에 가기 쉬워.
03 **It is always crowded with tourists.**
　그곳은 항상 관광객들로 붐벼.

STEP 3 정답

01 I live in Sadang-dong, Seoul.
02 My place is in the city.
03 There is a subway station in my neighborhood.
04 It is easy to move around.
05 So it is always crowded with people.

STEP 4 내 글쓰기 예시 답안

My Town
I live in Nampo-dong, Busan.
My place is in the city.
There are many theaters in my neighborhood.
It is easy to see a movie.
So it is always crowded with people.

우리 동네
나는 부산, 남포동에 살고 있어.
우리 집은 도시에 있어.
많은 영화관이 우리 지역에 있어.
영화 보기에 쉬워.
그래서 그곳은 항상 사람들로 붐벼.

Unit 23 I Met Mina at the Library.

STEP 1 해석

01 나는 오늘 도서관에서 미나를 만나기로 했어.

02 걸어서 20분이 걸렸어.

03 우리는 한 시간 동안 책을 읽었어.

04 우리는 각각 3권의 책을 빌렸어.

05 우리는 그것들을 반납하기 위해 2주 후에 다시 만날 거야.

Quiz today, library, Mina, books

STEP 2 내 문장 쓰기 예시 답안

01 I decided to do my homework at home.
나는 집에서 숙제를 하기로 했어.

02 It took 10 minutes on foot.
걸어서 10분이 걸렸어.

03 We played soccer for an hour.
우리는 한 시간 동안 축구를 했어.

STEP 3 정답

01 I decided to meet Mina at the library today.

02 It took 20 minutes on foot.

03 We read books for an hour.

04 We borrowed 3 books each.

05 We will meet again to return them in two weeks.

STEP 4 내 글쓰기 예시 답안

Visiting the Libaray

I decided to meet Brian at the library, today.
It took 15 minutes on foot.
We did our homework for an hour.
We borrowed 2 books each.
We will meet again to return them in two weeks.

도서관에 방문

오늘날 나는 도서관에서 브라이언을 만나기로 했어.
걸어서 15분이 걸려.
우리는 한 시간 동안 숙제를 했어.
우리는 각 2권씩 책을 빌렸어.
우리는 2주 안에 그것들을 다시 돌려주러 만날 거야.

Unit 24 I Went to the Museum.

STEP 1 해석

01 나는 국립역사박물관에 갔어.

02 여름 방학이기 때문에 사람이 많았어.

03 나는 줄을 서서 기다려야 했어.

04 나는 많은 것들을 배웠어.

05 나는 역사에 흥미가 생겼어.

Quiz museum, vacation

STEP 2 내 문장 쓰기 예시 답안

01 I went to the movie theater.
나는 영화관에 갔어.

02 I had to wait my turn.
나는 내 순서를 기다려야 했어.

03 I became interested in movies.
나는 영화에 흥미가 생겼어.

STEP 3 정답

01 I went to the national history museum.

02 There were many people because it was summer vacation.

03 I had to wait in line.

04 I learned a lot of things.

05 I became interested in history.

STEP 4 내 글쓰기 예시 답안

Visiting the Museum

I went to the art museum.
There were many people because it was Sunday.
I had to be quiet.
I learned a lot of things.
I became interested in art.

박물관에 방문

나는 미술관에 갔어.
일요일이기 때문에 사람들이 많아.
나는 조용해야만 해.
나는 많은 것들을 배웠어.
나는 미술에 흥미가 생겼어.

Unit 25 I Visited the Zoo.

STEP 1 해석

01 나는 우리 가족과 함께 동물원에 방문했어.
02 우리 남동생은 동물들을 많이 좋아해.
03 우리는 사자들과 호랑이들을 보았어.
04 우리는 또한 양들을 보았고, 그들에게 먹이를 줬어.
05 우리 가족은 매우 행복했어.

Quiz tiger, lion, sheep

STEP 2 내 문장 쓰기 예시 답안

01 I visited the zoo with my uncle.
나는 우리 삼촌과 함께 동물원에 방문했어.
02 I saw elephants and giraffes.
나는 코끼리들과 기린들을 봤어.
03 I also bought a souvenir.
나는 또한 기념품을 샀어.

STEP 3 정답

01 I visited the zoo with my family.
02 My little brother likes animals a lot.
03 He saw lions and tigers.
04 He also saw sheep and fed them.
05 My family was very happy.

STEP 4 내 글쓰기 예시 답안

Visiting the Zoo
I visited the zoo with my friends.
My friend Jun likes animals a lot.
We saw elephants and hippos.
We also saw rabbits and fed them.
My friends and I were very happy.

동물원에 방문
나는 내 친구들과 함께 동물원에 방문했어.
내 친구 준이는 동물들을 많이 좋아해.
우리는 코끼리들과 하마들을 보았어.
우리는 토끼들을 보았어, 그들에게 먹이를 줬어.
내 친구들과 나는 매우 행복했어.

단어 모으기 WORDS

Unit 21

live	살다	kitchen	부엌
apartment	아파트	bedroom	침실
home	집	playground	놀이터
10th floor	10층	near	근처
there is/ are	~이 있다		

Unit 22

place	장소	move around	돌아다니다
city	도시	be crowded with	~으로 붐비다
subway station	지하철역	people	사람들
easy	쉬운		

Unit 23

meet	만나다	borrow	빌리다, 대여하다
library	도서관	each	각각
minute	분	again	다시
on foot	걸어서, 도보로	return	돌려주다, 반납하다
hour	시간		

Unit 24

national history museum	국립역사 박물관	in line	줄을 서서
vacation	방학, 휴가	become interested in	~에 관심이 생기다
wait	기다리다		

Unit 25

zoo	동물원	tiger	호랑이
a lot	많이	also	또한
animal	동물	sheep	양
saw	보았다	fed	먹이를 주었다
lion	사자		

바빠 영어 시제 특강 5·6 학년용

바빠 영어 시제 특강 - 5·6학년용 | 15,000원

단순, 진행, 현재완료까지
초등 영문법
시제 총정리

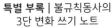

특별 부록 | 불규칙동사의 3단 변화 쓰기 노트

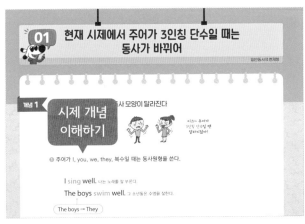

시제 개념 이해하기

동사 비교로 시제 감각 깨우기

빈칸을 채우며 시제 외우기

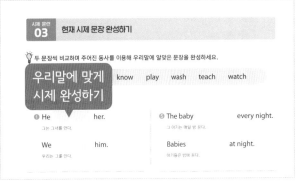

우리말에 맞게 시제 완성하기

시제 때문에 다시 처음부터 문법을 하기 애매했는데, 정말 딱입니다! – 학부모의 찬사

바빠 초등 필수 영단어

🎧 원어민 MP3 제공 | 바빠 초등 필수 영단어 | 15,000원

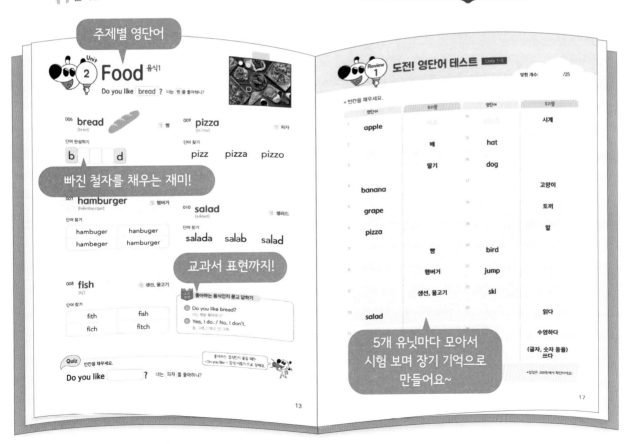

🐛 교과서와 일상생활을 반영한 주제별로 모아 더 잘 외워져요!

원어민처럼 기억하는 짝 단어 학습법!
외우는 시간은 비슷해도 효과는 2배 이상

단어가 오래 남는 과학적 학습법!
이미지 연상·망각 방지용 치밀한 복습 설계

이지스에듀

🎧 원어민 MP3 제공 | 바빠 영단어 | 12,000원

짝 단어로 의미있게 외운다!

단어가 오래 남는 과학적 학습법

접어서 사용해 봐!

특별 부록 스스로 시험 보는 **접이접이 쓰기 노트**

QR코드를 찍어 원어민 발음 듣기

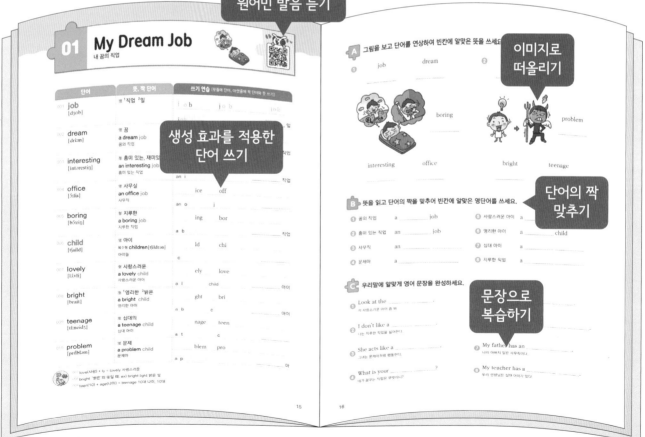

생성 효과를 적용한 단어 쓰기

이미지로 떠올리기

단어의 짝 맞추기

문장으로 복습하기

※바쁜 3·4학년을 위한 빠른 영단어도 있어요!